LE TOUR DU MONDE

NOUVEAU JOURNAL DES VOYAGES

Embarquement sur le daou. — Dessin de Th. Weber, d'après le texte et la gravure de l'édition anglaise.

LE DERNIER JOURNAL DE LIVINGSTONE[1].

1866-1873. — TRADUCTION INÉDITE.

Zanzibar, 28 *janvier* 1866. — Me voici arrivé dans l'île, après une traversée de vingt-trois jours faite sur la *Thulé*, frégate à vapeur qui appartenait à la dernière escadre des mers de Chine, et qui est offerte par le gouvernement de Bombay au Sultan de Zanzibar. J'ai été chargé de la présentation de ce magnifique envoi. En me confiant cet honneur, sir Bartle Frère a voulu montrer combien il m'estime afin d'engager Saïd Medjid à seconder mon entreprise.

6 *février*. — J'ai vu le Sultan, en audience particulière, le lendemain de mon arrivée, et lui ai fait part de la commission dont j'étais chargé pour lui. Il a été fort gracieux et a paru enchanté, non sans motif, car la *Thulé* est équipée de la manière la plus somptueuse,

1. La première partie de ce journal, on se le rappelle, a été apportée en Europe par M. Stanley (voy. *Tour du Monde*, t. XXVIII, p. 1 à 96). La partie suivante (du 14 mars 1872 au 24 avril 1873) est due au soin religieux avec lequel les serviteurs de Livingstone recueillirent les moindres papiers de l'illustre voyageur. On verra vers la fin de cette relation comment ces papiers sont arrivés à Londres. Ils furent confiés à M. Waller, ancien ami du docteur resté en correspondance avec lui, et qui, membre de la Mission du Chiré (1861), était plus que tout autre à même de publier ce journal. (*Note du traducteur.*)

Le consul avait tout arrangé pour ma présentation officielle; mais Sa Hautesse a mal aux dents et n'a pas pu nous recevoir. Elle a toutefois mis à ma disposition l'une des maisons qui lui appartiennent, et a désigné un homme qui parle anglais, pour s'occuper de ma table et de celle de mes gens.

18 *février*. — Tous les Européens sont allés aujourd'hui faire leur visite à Sa Hautesse, à propos de la fin du Ramadan. Saïd Medjid m'a prié de remercier le gouverneur de Bombay de son magnifique présent, et m'a dit que la *Thulé* était à mon service pour me conduire à la Rovouma, quand il me plairait de partir.

2 *mars*. — L'odeur qui s'élève de la plage, où, sur un espace de plus de cinq kilomètres, se déposent toutes les ordures de l'endroit, est quelque chose d'effroyable. Ce n'est pas Zanzibar, mais *Puantibar* qui devrait être le nom de cette ville. Personne ne peut jouir ici d'une bonne santé pendant longtemps.

Visité aujourd'hui le marché aux esclaves. Trois cents individus, à peu près, étaient en vente : le plus grand nombre venait du Chiré et du Nyassa.

Excepté les enfants, tous semblaient honteux de leur position : les dents sont regardées, la draperie relevée pour examiner les jambes; puis on jette un bâton, pour qu'en le rapportant l'esclave montre ses allures. Il en est qu'on traîne au milieu de la foule, en criant sans cesse le prix qu'on en désire. La plupart des acheteurs étaient des Persans et des Arabes. Ces derniers, ainsi que les indigènes, traitent, dit-on, leurs esclaves avec bonté; cela tient à ce qu'ils partagent l'indolence générale; mais l'état social plus élevé du maître n'améliore pas le sort de l'esclave, au contraire : tant que celui-ci appartient à un homme d'un rang qui se rapproche du sien, il lui est peu demandé. A mesure que la société progresse, les besoins se multiplient et le travail servile augmente.

6 *mars*. — J'attends avec impatience que le *Pinguoin* arrive d'Anjouan et nous conduise à la Rovouma. Six de mes gens ont la fièvre, ce qui n'a rien d'étonnant dans un pareil endroit.

Visité aujourd'hui l'homme le plus riche de Zanzibar; il doit me donner des lettres pour les amis qu'il a au Tanganika, où je voudrais former un dépôt d'articles d'échange et de provisions de bouche, afin de n'être pas pris au dépourvu lorsque j'y atteindrai.

Hier je suis allé prendre congé de Sa Hautesse et la remercier de toutes les bontés qu'elle a eues pour nous; elle m'a offert une seconde lettre de recommandation.

Le *Pingouin* est arrivé et j'ai un daou pour emmener mes bêtes : six chameaux, trois buffles et un bufflon, deux mulets et quatre ânes

La caravane se compose de treize cipayes, dix Anjouanais et treize Africains : neuf sortis de l'institution de Nassick, deux natifs de Choupanga (bords du Zambèze) et deux Ajahous, qui sont Chouma et Vonékétani.

22 *mars*. — Partis le 19, à dix heures du matin, nous avons gagné aujourd'hui la baie de la Rovouma, où nous sommes mouillés à trois ou quatre kilomètres de la rivière. Dans cette saison, un très-fort courant de marée descend de l'embouchure ; et le cutter a vainement essayé de remorquer le daou. Je me suis rendu sur la rive gauche, avec M. Fane, pour voir si nous pourrions faire passer les chameaux. Nous avons trouvé, en surplus de trois torrents formidables, une jungle si épaisse que l'on y pouvait à peine entrer. Plus loin, une fange tenace, couverte de racines de mangliers, et des noullahs bordés d'un sable mouvant, où l'on enfonce jusqu'à la cheville. La daou, pendant ce temps-là, ayant une belle brise, a remonté près de la rive droite ; mais elle a touché le fond à un mille au-dessous du point où cessent les mangliers ; et le marais devient pire à mesure qu'on s'éloigne de la rivière.

24 *mars*. — J'avais pensé à débarquer sur la bande sableuse qui est à gauche de la baie, et à nous informer auprès des indigènes. Le commandant du *Pinguoin* a été d'avis qu'il valait mieux nous rendre à Quiloa; mais le capitaine de la daou a protesté hautement contre cette décision, et m'a recommandé avec insistance la baie de Mikindani, voisine du pays que je veux gagner. J'ai suivi ce dernier conseil; et, ce soir, tous mes animaux sont sur la plage, à quarante kilomètres au nord de la Rovouma.

25 *mars*. — Loué une maison, au prix de quatre dollars. Nos bêtes ont terriblement souffert de leur ballottement dans la daou. En attendant qu'elles soient remises, nous allons fabriquer des selles pour les chameaux et réparer les bâts des mulets et des ânes.

Ici les gens n'ont pas de bétail. Ce sont pour la plupart des métis arabes ; physiquement, tout ce qu'il y a de plus triste : des membres grêles, l'air défait; beaucoup d'yeux malades.

Sur le point de rentrer en Afrique, je me sens tout joyeux. Quand on y revient avec l'espoir d'améliorer le sort des indigènes, tout s'ennoblit. L'échange des politesses ordinaires, notre arrivée dans un village, nos demandes ou nos réponses, tout cela fait connaître la nation par l'entremise de laquelle leur pays sera éclairé et délivré de la traite de l'homme.

Le plaisir purement physique du voyage est d'ailleurs très-grand par lui-même. Une marche alerte sur des terrains de quelque six cents mètres d'altitude assouplit les muscles et les trempe, un sang renouvelé circule dans les veines, l'esprit est lucide, l'intelligence active, la vue nette, le pas ferme ; et l'effort du jour rend très-doux le repos du soir. On a l'aiguillon des chances lointaines de péril. Obligé de compter sur soi-même, on prend confiance dans ses propres ressources ; le sang-froid, la présence d'esprit augmentent. Tout est fortifié; le corps reprend ses proportions; il n'y a plus de graisse et pas de dyspepsie. A cet égard, l'Afrique est un pays merveilleux : l'indigestion n'y est possible que pour celui qui est avide d'os à moelle et de pied d'éléphant.

30 *mars*. — Le port de Mikindani a un peu la

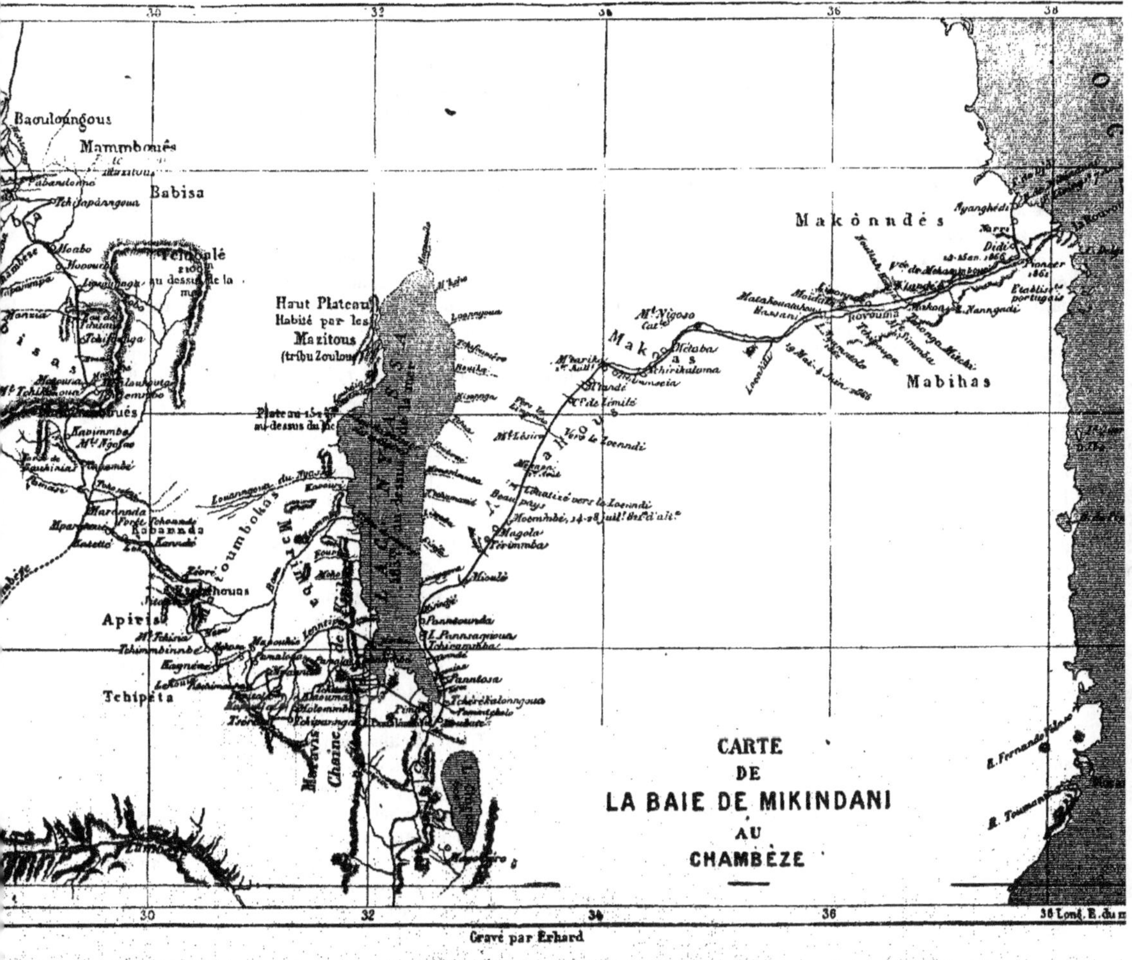
CARTE
DE
LA BAIE DE MIKINDANI
AU
CHAMBÈZE
Gravé par Erhard
Baouloungous
Mammboués
Babisa
Haut Plateau
Habité par les
Mazitous
(tribu Zoulou)
Makònndés
Mabihas
Apiris
Tchipéta
Mt Nigoso
Rovouma
30
32
34
36
38
36 Long. E. du m

forme du pique des cartes à jouer, la hampe de celui-ci figurant la passe, qui n'a que cent mètres de large et se dirige à peu près au sud-ouest. Des ruines de construction arabe, bâties avec de la pierre et de la chaux, montrent que ce point du rivage est fréquenté d'ancienne date. Les gens font un peu de commerce en copal et en orseille. Un employé de la douane de Zanzibar préside à la perception des droits, qui sont très-minimes, et un djémadar (chef militaire) est la première autorité du lieu.

4 avril. — Au moment de partir, un de nos ânes a été si cruellement déchiré par un de nos buffles qu'il a fallu l'abattre. Nous avons ensuite rogné les cornes de l'agresseur, selon le principe des gens qui ferment l'écurie quand le cheval a été volé; puis nous nous sommes mis en route, et nous avons gagné l'habitation du djémadar. Celui-ci a largement protesté de son désir de m'être utile; en attendant, il m'a logé dans une misérable case, où entraient le vent et l'averse, et m'a trompé en me disant qu'on ne trouvait pas à louer de porteurs dans les tribus voisines : mensonge que les autres m'ont confirmé. Ce sont de vils Arabes de la côte, des métis aux trois quarts africains, et possédant, comme toujours, les défauts des deux races sans en avoir les qualités.

6 avril. — Longé la baie vers le sud-ouest, et couché dans un village. Il y a six bourgades autour du port intérieur; la population, y compris les esclaves, peut être de trois cents personnes.

7 avril. — Marché au sud, avec un Somali pour guide; un homme obligeant et d'une figure agréable, auquel je donne vingt dollars pour nous conduire à Ngomano. Le chemin se déroule dans une vallée boisée sur les deux rives, et dont l'herbe, qui nous domine de beaucoup, produit une sensation d'étouffement : pas un souffle d'air, et le soleil nous tombant à plomb sur la tête.

Lundi, 8 avril. — Passé la journée d'hier à Nyanghédi. Dans la soirée, nos chameaux et nos buffles ont été piqués par la tsétsé pour la première fois. Aujourd'hui, traversé des fourrés n'offrant aux hommes aucun obstacle, mais dans lesquels il a fallu ouvrir un passage aux chameaux. Fort heureusement les Makônndés du village se sont loués avec joie en qualité de bûcherons et de porteurs. D'après ce que m'avait dit le djémadar, de l'impossibilité d'avoir plus loin des aides, j'ai laissé chez lui beaucoup de choses que je regrette.

De temps à autre nous débouchons dans de vastes clairières, où les Makônndés cultivent du sorgho, de la cassave et du maïs. Les gens sont beaucoup plus intéressés par la vue des chameaux et des buffles que par la mienne. Ils ont, quant à eux, le front d'une forme assez nette, mais étroit et un peu bas; les ailes du nez largement étendues, les lèvres pleines, sans excès d'épaisseur; le corps et les membres bien faits; de petits pieds, de petites mains; la peau, d'un brun foncé chez les uns, d'un brun clair chez les autres; la taille moyenne, la démarche assurée, l'air indépendant. Leur peuplade n'a pas de grand chef, et ses villages n'ont entre eux aucun lien.

10 avril. — Gagné la bourgade de Narri, par 10° 23′ 14″ de latitude méridionale. Notre course est à peu près au sud; elle nous fait suivre des vallées, d'où nous sortons souvent pour gravir les côtes. Sur les hauteurs sont des villages que nous quittons pour redescendre dans un autre ouadi, quelquefois dans le même. On ne voit pas d'eau courante; les habitants dépendent de leurs citernes.

11 avril. — Nous allons toujours au sud et continuons à monter. Le sol est très-fertile, mélangé de beaucoup de sable; mais pas de roche apparente. Du sorgho et du maïs luxuriants, du manioc de sept à huit pieds de hauteur. Les bambous sont arrachés, répandus sur la terre et brûlés pour servir de fumure.

12 avril. — Au départ, le fourré était si épais que mes hommes ne croyaient pas pouvoir l'ouvrir : cela a continué ainsi pendant cinq kilomètres. Les arbres ne sont pas gros, mais tellement serrés qu'il faut une grande somme de travail pour élargir le chemin et pour hausser la voûte. Avant que la traite eût décimé la population, tous ces fourrés étaient en culture; c'est pour cela qu'on n'y voit pas de grands arbres. Beaucoup de tiges ne sont que de la grosseur d'une perche; mais elles se trouvent mêlées à tant de lianes que l'aspect est celui du gréement d'un navire, jeté pêle-mêle de tous les côtés. Un grand nombre de ces lianes ont des sarments de trois à quatre pouces de diamètre. L'une d'elles peut être comparée pour la forme au fourreau d'un sabre de dragon; mais, sur les deux faces, elle porte une crête d'où surgissent, à égale distance, des bouquets d'épines acérées. Ainsi armée, elle pend en droite ligne sur une longueur d'environ deux mètres; puis, comme si elle n'avait pas de la sorte assez de chance de blesser, elle se tord brusquement, de façon à mettre ses dards cruels à angle droit avec ceux qui précèdent. Darwin a observé de nombreux exemples de ce qui, dans ces lianes, paraît être de l'instinct. L'espèce dont nous parlons semble avide de nuire; ses lames emmêlées se tendent pour infliger des blessures aux passants. Une autre est si tenace qu'elle ne peut être rompue avec les doigts. Il en est une qui paraît d'abord sous l'aspect d'un jeune arbre; mais avec les habitudes désordonnées de sa classe, elle abandonne bientôt la forme régulière pour jeter ses câbles à cinquante ou soixante pieds de distance : vous la coupez ici, croyant en être quitte, et vous la retrouvez à quarante mètres plus loin. Une autre encore ressemble à une feuille d'aloès, mais enroulée comme les tortillons qui sortent d'un rabot. Sa voisine est armée de grappins disposés de façon à retenir l'homme qu'elle saisit, et ainsi de suite. Contre ces plantes, qui semblent appartenir à la flore des terrains carbonifères, s'escriment dix jeunes et vaillants Makônndés. Habitués qu'ils sont au défrichement de ces bois, ils y vont de bon cœur, taillant et abattant, ayant pour cela des serpes bien adaptées à ce genre d'ouvrage, et prenant une cognée lorsqu'ils ont à couper des arbres. Lianes et tiges disparaissent devant eux comme les nuées devant le soleil. Ce sont les hommes de grande taille qui se fatiguent le plus vite ; ils sont épuisés que les autres continuent à saper vigoureusement ; mais deux jours de ce rude travail ralentissent les plus forts.

13 *avril*. — Nous commençons à descendre la pente qui mène à la Rovouma. Aujourd'hui, de temps en temps, le pays se laissait entrevoir ; il semblait couvert de grands bouquets de bois d'un vert sombre ; par moments, les ondulations prenaient l'aspect de collines, et çà et là un sterculier, anticipant sur l'hiver qui approche, se montrait en feuilles jaunies.

Un vieux Monyïñko a donné une chèvre à mes hommes et demandé aux cipayes s'ils voulaient égorger la bête ; mais les Anjouannais, étant d'une secte différente, ne voulaient pas qu'elle fût saignée à la façon des Hindous : de là grande dispute entre les deux camps pour établir de quel côté se trouvait l'orthodoxie.

15 *avril*. — Atteint hier la Rovouma près de l'endroit où, en 1861, le *Pionnier* reprit le chemin de la côte. Aujourd'hui, repos du dimanche.

Livingstone. — Gravure tirée de l'édition anglaise.

16 *avril*. — Nous marchons maintenant vers l'ouest, en longeant le bord déchiqueté d'un plateau dont la rivière est flanquée à droite et à gauche. Au loin, apraît une rangée de collines qui semblent enfermer la Rovouma. Ici, des éperons s'avancent du côté de l'eau ; et des baies de quinze cents à cinq mille mètres de profondeur pénètrent dans les terres. Parfois les promontoires ont été doublés ; parfois nous les avons franchis ; il y avait alors beaucoup de bois à abattre. Le sentier va d'un village à l'autre et fait de nombreux détours. Nous finissons toujours par arriver à des jardins où il y a du riz parmi d'autres céréales ; il faut que, dans la saison, l'humidité soit grande en cet endroit pour que le riz réussisse ; maintenant les récoltes souffrent de la sécheresse.

17 *avril*. — J'avais ordonné aux cipayes de prendre le moins de bagages possible ; mais outre deux buffles, il y a deux mulets et deux ânes surchargés de leurs affaires ; ils tueront les pauvres bêtes. Sur l'observation que j'en ai faite, ils ont caché une

partie de leurs objets dans les paquets des chameaux, qui, à leur tour, sont accablés. J'avais emmené ces derniers, ainsi que les buffles, pour juger de l'effet que produirait sur eux la piqûre de la tsétsé ; je crains bien que l'expérience ne devienne impossible par la manière dont les pauvres bêtes sont conduites.

19 *avril.* — Fait route sur le plateau, et bu de l'eau fraîche pour la première fois depuis le commencement du voyage.

Les gens d'ici mettent beaucoup d'ardeur à s'engager comme bûcherons et font gaiement la besogne. C'est, je crois, le désir de plaire à leurs femmes, en leur donnant un peu d'étoffe, qui les anime ; ils gagnent par jour un mètre de calicot.

Plus nous remontons la Rovouma, plus les gens sont tatoués ; leurs dents sont limées en pointe, et les femmes portent de grands anneaux de lèvres. Chez les Mabihas, qui habitent la rive droite, quelques hommes se décorent aussi du pélélé [1].

La tsétsé a piqué de nouveau les buffles ; elle vit aux dépens des hippopotames, des éléphants et des cochons, seul gibier que nourrisse le pays.

Sur la dénonciation du vol d'une chemise par un porteur qui avait pris la fuite, les compagnons du fugitif ont suivi à la piste et rejoint le voleur qui était

Maison de Livingstone, à Zanzibar. — Dessin de Th. Weber, d'après le texte et la gravure de l'édition anglaise.

dans sa case. Les anciens du village se sont réunis et ont condamné le coupable à une amende d'une valeur quadruple de celle de l'objet volé. Ce matin, les hommes sont revenus et ont l'air d'avoir fait une chose toute simple. C'est le premier vol que nous ayons remarqué ; et la façon dont il a été jugé prouve un grand fonds d'équité naturelle.

26 *avril.* — Resté à Narri pour acheter des vivres, qui plus loin sont moins abondants. Les gens se sont empressés de nous vendre de la farine, des œufs, des volailles et du miel ; les femmes du pays sont grossières.

J'ai surpris hier un cipaye frappant un chameau avec un bâton de la grosseur du bras ; le sentier était trop étroit, la pauvre bête ne pouvait pas avancer ; et l'homme frappait toujours. Je lui ai crié de finir, mais il était trop tard ; aujourd'hui le chameau ne peut plus bouger ; il faut le laisser à Narri sous la protection du chef.

29 *avril.* — Passé le dimanche au bord de la Rovouma, en face du premier village des Mehamboués, qui semblent être une branche importante des Makonndés. Leur pays s'étend au loin vers le sud ; il est

1. Voy. *Tour du Monde*, t. XIII, p. 140.

peuplé d'éléphants et plein d'arbres à copal. Je suis allé voir un de ces arbres qui se trouve près du village. Les feuilles sont par couples, d'un vert brillant avec les nervures saillantes sur les deux faces ; les ramilles sont divergentes et partent du même point. Le fruit, dont nous avons vu la coque, paraît être une noix; quelque animal en avait rongé le contenu. Où l'écorce des branches est blessée, la gomme s'écoule et tombe sur le sol. Les habitants fouillent aux environs des arbres modernes, avec l'idée que ceux d'autrefois, qui ont jeté leur gomme avant que celle-ci fût un objet de commerce, doivent avoir occupé la même place. « Il y a des jours où l'on ne trouve rien, me dit le Makôndé qui me servait de guide; mais le *Mounngou* peut vous donner le lendemain ce que vous n'avez pas trouvé la veille. » Tous ceux qui étaient là approuvèrent ces paroles, d'où la preuve qu'ils admettent l'existence de Dieu.

30 *avril*. — Mes chameaux sont couverts de plaies; ils reviennent tout sanglants, avec des blessures qu'ils n'auraient pu produire en se frottant contre les arbres. Je soupçonne de vilaines actions. Les mulets et les buffles sont également maltraités; je ne peux pas être toujours là pour empêcher qu'on les batte.

Ici, les indigènes fument du tabac et non du chanvre. En fait d'animaux de basse-cour, on ne voit que

Le marché aux esclaves, à Zanzibar. — Dessin d'Émile Bayard, d'après le texte.

des poules, des pigeons et des canards musqués; ni chèvres ni moutons. Le miel n'est pas cher : un grand pot d'une contenance d'un gallon (quatre litres et demi) et quatre poulets m'ont été donnés pour moins de deux mètres de calicot.

1er *mai*. — Nous traversons maintenant un pays relativement libre. C'est un plaisir d'embrasser du regard la scène environnante, alors même qu'elle est presque entièrement couverte de grandes masses de feuillage, la plupart d'un vert sombre; car, ici, à peu près tous les arbres ont les feuilles de la teinte et de la nature de celles des lauriers.

2 *mai*. — Les montagnes se rapprochent et nous reconnaissons le Liparou, dont la forme tabulaire nous avait frappé lors de notre premier voyage. Il a de sept cents à huit cents pieds anglais de hauteur; un cours d'eau permanent s'échappe de la base occidentale et forme une lagune dans la prairie qui borde la Rovouma. Des arbres, amis des cours d'eau constants, couvrent de leurs racines les rives marécageuses et leur font un parquet; mais, par endroits, on enfonce d'un mètre. Il nous a fallu combler ces fondrières avec des branches et des feuilles; puis décharger nos bêtes et les conduire à la main

3 *mai.* — Fait halte dans un village makoa dont le chef est une femme. Les Makoas ou Makoanés se reconnaissent à une demi-lune en tatouage qu'ils portent sur le front ou ailleurs.

Une femme à l'air maternel s'est approchée et m'a offert de la farine; d'autres femmes avaient donné à manger à nos hommes et n'avaient rien reçu en retour; celle qui m'apportait de la farine ne pensait donc pas à la vendre. Je lui ai dit de me l'envoyer par son mari et que je l'achèterais; j'aurais mieux fait de l'accepter.

Beaucoup de Makoas ont la figure tatouée de lignes doubles et saillantes d'un demi-pouce de longueur. Quand l'incision est faite, le charbon y est introduit, et les chairs sont pressées de manière à obtenir une cicatrice en relief; cela donne au visage quelque chose de hideux et cet air rébarbatif que nous ont transmis les portraits de nos anciens rois.

4 *mai.* — De grosses mouches piquent les buffles; le sang qui s'échappe des piqûres est de couleur artérielle.

Notre bufflonne a une inflammation de l'œil gauche et le bassin gonflé, près des lombes. Le buffle gris est malade, ce que j'attribue à une surcharge excessive. Les chameaux ne semblent pas éprouver les effets de la mouche; mais leurs affreuses plaies et les mauvais traitements les épuisent. Aucun symptôme de la tsétsé chez les ânes et les mulets; mais un de ces derniers a une luxation de l'épaule.

Vu la dernière des rangées de collines dont la rivière est flanquée au nord. En face de nous est une plaine d'où surgissent des pics granitiques.

Liane épineuse paraissant se tordre pour mieux blesser.

A Nyammba, où nous avons passé la nuit, se trouvait une doctoresse ayant la spécialité de faire pleuvoir; elle m'a donné un grand panier de soroko (le *mung* de l'Inde). C'est une belle femme, grande et bien faite, jolie jambe, joli pied et tatouée à profusion; les lèvres elles-mêmes ont leur dessin finement élaboré, ainsi que la partie postérieure du corps, — nulle pudeur dans ce pays-ci.

Après avoir laissé derrière nous l'extrémité de la chaîne, et allant toujours à l'ouest, nous avons trouvé d'abord un grès durci par le feu; puis des masses de granit, comme si la force ignée qui a produit le métamorphisme partiel du grès avait résidé dans ces masses. Après cela, le granit ou la syénite est couvert de stries comme si la roche avait été fondue.

Avec le changement de structure géologique nous avons une végétation différente: au lieu des arbres à feuilles de laurier du terrain précédent, nous rencontrons des dalbergias, des acacias et des mimosas; l'herbe est moins haute et nous pouvons marcher sans couper de bois.

6 *mai.* — Encore la tsétsé. Nos bêtes ont l'allure somnolente; la bufflonne a l'œil trouble, et quand on la pique, il sort de la peau un filet de sang d'un rouge écarlate.

Les naturels paraissent intelligents. Il serait intéressant de connaître leurs idées, de savoir ce qu'ils ont appris dans leur communion avec la nature pendant tant de siècles. Leur manière d'être ne rappelle en rien ce mépris de la vie humaine dont les exemples remplissent les chroniques des âges ténébreux de notre histoire. Mais je n'ai pas d'interprète, et bien que je puisse m'entendre avec eux pour les sujets ordinaires, cela ne suffit pas.

7 *mai.* — Un des chameaux est mort cette nuit; ce matin le buffle gris a des convulsions. Je m'attends à perdre encore un buffle, un mulet et d'autres chameaux. Les cipayes, par leurs cruautés, faussent mon expérience. Dès que je ne suis pas avec eux, ils s'arrêtent; et pendant qu'ils fument et qu'ils mangent, ils laissent les pauvres bêtes en plein soleil, sans les décharger. Ils ne marchent pas, ils musent et ne veulent faire aucun effort, pas même porter leurs sacs et leurs ceintures. Une seule chose les occupe: c'est de manger; ils ont pour cela des facultés surprenantes. Le climat n'aiguise pas l'appétit, mais ces gens-là mangent quand même; ils s'emplissent jusqu'à ce que le débordement se produise; et lorsqu'ils ont vomi et se sont purgés, ils recommencent.

A vol d'oiseau, nous n'avons pas fait, en moyenne, plus de six à sept kilomètres par jour, et mes bêtes sont fréquemment restées huit heures de suite au soleil portant leur charge. Emmener de pareilles gens est une grande méprise.

9 *mai.* — Laissé hier à Liponndé les cipayes avec leur havildar, les Nassickais et les animaux, afin de traverser promptement l'endroit où il n'y a pas de vivres, et d'envoyer au sud et à l'ouest chercher des provisions. Quand les bêtes se seront reposées, on nous les amènera.

Je suis parti avec les Anjouannais et les vingt-quatre porteurs; c'est un plaisir de s'éloigner des autres. Une marche agréable de huit heures nous a conduits à Moïdala où nous avons couché. La roche est toujours de la syénite.

En surcroît des Mazitous, qui ont passé dans le pays comme une nuée de sauterelles, les champs souffrent de l'une de ces sécheresses inexplicables auxquelles sont sujettes certaines parties restreintes, et quelquefois de larges portions de cette contrée.

Les roseaux, qui, près de la côte, nous ont tant fatigués, n'existent pas ici; l'herbe est sèche, beaucoup de plantes sont mortes et les arbres n'ont plus de feuilles. Tous les ruisseaux que nous avons franchis ne sont que des torrents dont le lit sableux est à sec, et où les indigènes font des trous pour avoir de l'eau.

« Lianes et tiges disparaissent devant eux comme les nuées devant le soleil. » (P. 5.) — Dessin d'Émile Bayard, d'après le texte.

11 *mai*. — Il est difficile de faire avancer les porteurs, qui tombent d'inanition.

14 *mai*. — A Matahouatahoua, une femme au visage profusément tatoué, mais d'une physionomie agréable, s'est approchée, tenant à la main un bouquet de sorgho à sucre et l'a déposé à mes pieds, en disant : « Je vous ai déjà vu ici. » Elle montrait le point de la rivière où avait eu lieu notre retour en 1862. Je me rappela alors que j'avais fait arrêter le bateau pour attendre le panier d'aliments qu'une femme nous apportait, panier qui fut remis à l'un de mes hommes et dont la donatrice s'éloigna sans avoir rien reçu. Parfois les présents sont faits dans la pensée qu'ils en rapporteront de plus considérables; il est doux d'avoir la preuve qu'il n'en est pas toujours ainsi.

Aujourd'hui, après une marche d'une heure trois quarts, il a fallu nous arrêter; nous étions alors chez Hassani. Au moment où nous arrivions, la fille de celui-ci retirait du feu une marmite de haricots. Hassani nous en fit présent; et quand je l'invitai à y prendre part, il me répondit : « Vous êtes étranger; je suis chez moi et me procurerai autre chose. » Comme tous les chefs, il passe pour être docteur; et sa femme, une vieille dame solidement bâtie, est doctoresse; elle a été son unique épouse et lui a donné quatre enfants, qui vivent avec eux.

15, 16 *et* 17 *mai*. — Étapes misérablement courtes, par suite de la faim. Traversé la Rovouma et le Loendi dans l'espoir de trouver des vivres.

18 *mai*. — Pays desséché. L'herbe et les feuilles sont jaunes et craquantes. Parmi ces plantes mortes abondent les tiges d'une sorte d'acacia herbacé qui aime l'eau; d'où la preuve qu'en d'autres temps celle-ci ne manque pas; et les empreintes laissées par des pieds d'hommes pataugeant dans la vase, empreintes actuellement durcies, montrent que ce terrain brûlé a été bourbeux.

19 *mai*. — Décidément le Loendi est la branche mère de la Rovouma ; il est cependant moins large ; il a environ deux cents pieds, et la Rovouma deux cent cinquante. Tous les deux sont rapides et peu profonds, remplis d'îlots, de rochers et de bancs de sable. Ils sont parcourus par de petits canots, que les riverains se vantent de conduire habilement ; à cet égard, les femmes ne sont inférieures à aucun homme.

27 *mai*. — Envoyé Mousa du côté de l'ouest pour acheter des provisions; il revient, ce soir, les mains vides.

Tout le monde s'accorde à représenter le pays qui est au couchant comme tellement montagneux et infesté de Mazitous, qu'il est impossible de prendre cette direction. On ne se figure pas la terreur qu'inspirent les hommes de cette race; elle est inimaginable : à la seule vue de leurs boucliers, toute la population prend la fuite comme un troupeau de daims qui s'effare.

Ces gens redoutés ont avec eux leurs familles, leurs vaches et leurs chèvres. La tribu tout entière vit du pillage des autres peuplades. Elle s'arrête ici : plus bas, ses bœufs seraient victimes de la tsétsé.

5 *juin*. — Passé près d'un village où le sorgho est récolté; il est parfaitement mûr. Les épis sont rangés en ligne avec soin pour sécher, et pour que le vent ne les égrène pas en les dispersant. Beaucoup de tiges n'ont pas donné de grain; celles-là sont très-sucrées, et les indigènes les mâchent, comme ils feraient de la canne à sucre. Cette nourriture les engraisse; mais elle ne durera pas longtemps et la famine viendra. Pour l'éviter, les pauvres gens font ce qu'ils peuvent; ils plantent des fèves, des haricots et du maïs dans les endroits où le terrain le permet.

6 *juin*. — Reçus par Makotchéra, le plus grand chef de la contrée; un joyeux mortel et d'une laideur qui ne répond pas à l'amabilité de son sourire : le front bas, couvert de rides profondes; le nez quelque peu assyrien, mais épaté; la bouche grande, le corps très-maigre. Il a été chasseur d'éléphant et il cultive la poésie; mais je n'ai pas pu le décider à nous donner un échantillon de son talent.

Makotchéra pense que Dieu n'est pas bon; la raison qu'il en donne, c'est que Dieu tue beaucoup de monde.

9 *juin*. — Toujours à l'ouest. Le pays monte graduellement à mesure que nous avançons. Traversé d'abord le même genre de forêt; trouvé après cela de grandes masses de granit ou de syénite s'écaillant par plaques; la roche est couverte d'une plante, dont l'écorce se détache par endroits et se frise comme les bobèches de papier que l'on met aux bougies. Ainsi revêtues, ces collines paraissent d'un gris clair, avec des portions noires dans les parties abruptes. Au loin, ces mêmes collines sont d'un bleu foncé. Le terrain est dur et pierreux, mais couvert de plantes diverses et d'une herbe disposée par touffes, comme celle du Kalahari à laquelle elle ressemble.

10 *juin*. — Marche très-pénible; toujours dans le même pays. On ne voit aucune habitation. Passé près d'un homme qui venait de mourir de faim.

Entre le village de Makotchéra et la station suivante est la colline de N'gozo. L'eau n'est trouvée que sous la couche sableuse des ruisseaux taris. Le premier indice que nous ayons eu de notre approche de la demeure de l'homme a été une jolie petite femme qui tirait de l'eau d'une citerne. J'étais seul; elle s'est agenouillée et m'a tendu son vase rempli d'eau en l'élevant avec les deux mains.

13 *juin*. — Le tatouage que portent les indigènes sur le front et sur le corps n'est fait que dans un but de parure : « afin de se rendre plus beau pour la danse. » Toutefois ces ornements semblent avoir quelque chose d'héraldique; car, en les voyant, les gens du pays disent sans hésitation à quelle tribu ou portion de tribu appartient celui qui en est décoré.

Les Matamboués et les Haut-Makônndés ont pour tatouage des signes qui rappellent complétement les dessins de l'ancienne Égypte; par exemple, des lignes ondulées, telles qu'en faisaient les anciens pour représenter l'eau. Des arbres, des jardins enfermés dans

Négrier tuant ses esclaves. — Dessin de Daniel Vierge, d'après le texte.

des carrés semblent avoir été imaginés autrefois pour les riverains de la Rovouma, qui les ont encore. Le fils prend la marque du père; et c'est ainsi que les vieux symboles se sont perpétués, bien que leur signification paraisse ne plus être comprise. Les Makoas portent le croissant, ou presque la pleine lune; mais, comme pour les autres, ce n'est qu'une parure. Ces dessins, bleus ou noirs, se détachent vivement sur les peaux de nuance claire, que l'on voit ici en grand nombre.

Chez les Makônndés et les Mehamboués, les incisives sont limées en pointe. Les Matchinngas, tribu aïahoue, laissent un crochet des deux côtés de la dent, et s'arrachent l'une des incisives médianes en haut et en bas.

14 *juin.* — Mes porteurs m'ont quitté, dans la crainte d'être pris comme esclaves quand ils retourneraient chez eux. J'en attends d'autres; et me voilà aussi dépendant des naturels que si je n'avais pas emmené de bêtes de somme : pauvre matière pour emplir un journal.

16 *juin.* — On fait de sombres récits de la contrée où nous allons. Il nous faudra quatre ou cinq jours pour nous rendre chez Mtarika; puis dix jours à travers les jungles pour atteindre la ville de Mataka. Disette chez le premier; mais abondance chez l'autre, qui est voisin du lac.

Poterie décorée d'une imitation de vannerie.

19 *juin.* — Passé aujourd'hui près d'une femme attachée à un arbre, et par le cou; elle était morte. Les gens du pays racontent qu'elle ne pouvait pas suivre la bande, et que le marchand n'a pas voulu qu'elle devînt la propriété de celui qui la trouverait, si le repos venait à la remettre. Une autre avait été poignardée, ou tuée d'une balle. La réponse est toujours la même : furieux de la perte de son argent, le maître soulage sa colère en tuant l'esclave qui ne peut plus marcher.

20 *juin.* — Retourné à Métaba, où le chef nous a dit que personne, excepté lui, n'avait de grain à vendre. Les Arabes l'ont approvisionné de poudre et de calicot, d'où il est résulté que, pour avoir des vivres, il a fallu lui céder nos plus belles étoffes et les objets qui lui faisaient envie; mais au moment de partir il m'a donné un repas de bouillie et de pintade.

22 *juin.* — Un pauvre petit garçon, ayant un prolapsus ani, m'a été amené hier. Sa mère, qui, pour me consulter, avait fait un long chemin, le portait sur l'épaule droite; un enfant à la mamelle occupait le bras gauche; et, sur la tête, elle avait deux paniers. Chaque fois que nous nous arrêtions, son amour maternel se montrait dans le soin avec lequel elle baudait le cher petit.

23 *juin.* — Le pays est couvert de forêts où la marche est beaucoup plus libre que dans la région précédente. Nous sommes maintenant à quelque deux cent cinquante mètres au-dessus du niveau de la mer. Tous les indigènes cultivent du maïs au bord de la Rovouma, ainsi que dans les îles, dont le terrain est moins sec. Presque tous ont des fusils, de la poudre en abondance et une quantité de beaux grains de verre. Ils portent des coiffures de perles rouges enfilées avec leurs cheveux mêmes, et des cravates de perles bleues aussi serrées que les cols de nos soldats. Le pélélé est d'un usage universel; les dents sont limées en pointe.

24 *juin.* — Service divin dans la matinée; beaucoup de spectateurs. Les indigènes croient à l'Être suprême, bien qu'ils ne l'invoquent pas.

Des vents froids du sud prédominent. Température, $+12°,5$ [1].

L'un de nos mulets est très-malade; toujours de la faute des cipayes.

Faire bouillir la marmite avec des pierres brûlantes est inconnu dans cette région; mais on y emploie les termitières en guise de four. Des trous sont en outre creusés pour la cuisson du pied d'éléphant, de la bosse de rhinocéros, de la tête de zèbre et d'autres grands animaux.

Acheté un senzé (*aulacode swindérien*) qui a été boucané. C'est en plaçant la viande, le poisson et les fruits au-dessus d'un feu très-doux, pour les faire sécher, que les naturels les conservent : la salaison leur est inconnue. Outre les châssis qu'ils emploient comme séchoirs, les Makônndés ont des échafaudages de six pieds de hauteur où ils vont dormir; le feu qui est allumé dessous éloigne les moustiques; et, dans le jour, ces estrades servent de lieu de repos et d'observation.

25 *juin.* — Quitté Tchirikaloma et gagné le village de Namalo, que ses habitants ont abandonné ce matin; ils vont tous s'établir chez les Mehamboués, où il y a des vivres. Une pauvre petite fille, trop faible pour suivre les émigrants, a été laissée dans une case : probablement une orpheline.

Rien à manger.

Près de beaucoup de villages, nous remarquons une baguette dont les deux bouts sont fichés en terre, et qui forme un arc. De nombreux talismans, pour la plupart des morceaux d'écorce, sont enterrés sous cette baguette. Lorsque la maladie s'abat dans la commune, les hommes se rendent là en pèlerinage; ils se lavent avec de l'eau dans laquelle a infusé le talisman; puis ils passent à plat ventre sous l'arche en question; après cela ils enterrent le charme à la place où ils ont passé, et, avec lui, la maligne influence qui les menaçait. On a recours au même procédé pour éloigner les mauvais esprits, les bêtes féroces et les envahisseurs.

J'ai demandé à Tchirikaloma comment les albinos

1. Partout nous avons indiqué la température en degrés centigrades. (*Note du traducteur.*)

Esclaves abandonnés. — Dessin de Daniel Vierge, d'après le texte et la gravure de l'édition anglaise.

sont traités dans le pays; il m'a répondu qu'on les laissait vivre, mais qu'ils n'arrivaient jamais à l'âge d'homme.

« Avez-vous entendu parler de gens qui mangent de la chair humaine ou qui ont une queue? lui demandai-je encore. — Certainement, dit-il; mais j'ai toujours compris que ces monstruosités-là, comme les autres, n'existaient que parmi vous, gens qui allez sur la mer. » Ces mots : les autres désignaient ceux de mes compatriotes qui ont des yeux derrière la tête, aussi bien qu'au visage. J'avais déjà entendu parler de ceux-ci près d'Angola.

26 *juin*. — Mon dernier mulet est mort.

Ce matin, comme nous passions dans le voisinage d'une case, une femme bien mise, qui avait au cou la fourche des esclaves, nous a appelés hautement et nous a sommés d'être témoins de la violence qui lui était faite. Il y avait dans son accent une telle autorité que tous mes hommes s'arrêtèrent, puis allèrent à elle pour l'entendre. Elle nous dit alors qu'elle était proche parente de Tchirikaloma, et qu'elle allait rejoindre son mari, en amont de la rivière, lorsque le vieillard qui la retenait captive l'avait saisie, séparée de sa servante et soumise à l'état de dégradation où elle était présentement. Le vieillard répondit qu'elle s'enfuyait, et que Tchirikaloma lui en aurait voulu s'il ne l'avait pas arrêtée. Mais des gens ayant toute la mine de chasseurs d'esclaves rôdaient aux environs, et je ne doutai pas que cette femme n'eût été prise pour être vendue. Je donnai une brasse d'étoffe au ravisseur pour payer Tchirikaloma, si ce dernier se trouvait offensé, et le priai de dire au chef, qu'ayant eu honte de voir une de ses parentes la fourche au cou, je l'avais délivrée, et que je la ramenais à son mari.

C'est évidemment une femme de haute condition; non-seulement ses manières l'annoncent, mais elle porte une quantité de beaux grains de verre enfilés sur du crin d'éléphant. C'est en outre une femme de tête : dès qu'elle a été libre, elle est allée bravement chercher son panier et sa calebasse dans la hutte de son ravisseur. La maîtresse du logis — une virago — l'a enfermée et a voulu lui prendre ses perles, mais elle s'est vaillamment défendue. Mes gens ont enfoncé la porte et ont fait sortir notre protégée. Sur ce, l'autre femme — car l'officieux vieillard possède deux épouses — a joint sa kyrielle d'injures à celle de son aînée, qui, les poings sur les hanches, en véritable harengère, nous invectivait à pleine bouche. J'éclatai de rire; la jeune femme en fit autant, laissant la vieille en fureur, et nous sommes partis avec notre libérée, qui toutefois a perdu sa servante.

27 *juin*. — Vu un homme qui était mort d'inanition, car ce n'était plus qu'un squelette. Un des nôtres s'est écarté du chemin et a trouvé une quantité d'esclaves, la fourche au cou et abandonnés par l'acheteur, faute de nourriture. Ils n'avaient plus la force de parler. Quelques-uns étaient très-jeunes.

La plupart des indigènes sont fort troublés quand je leur dis que les esclaves qu'on trouve morts sur les chemins ont été tués par ceux qui les ont vendus. Les chefs se renvoient mutuellement la faute; mais le fait est là; bientôt ils n'auront plus personne à vendre, leur pays se transformera en une jungle et ceux des leurs qui ne seront pas morts cultiveront les champs des Arabes : je ne cesse de le leur dire.

28 *juin*. — Passé de village en village : tous abandonnés. Les gens de Tchényéouala nous ont dit de prendre chez eux tout ce que nous voudrions, et mes hommes n'ayant pas de vivres, nous avons glané dans les jardins quelques poignées de haricots, des feuilles de fèves, des tiges de sorgho vert, — triste nourriture.

Akosakoné, la femme que nous avons sauvée de l'esclavage, est arrivée chez son mari, qui est le frère d'un chef. On voyait bien qu'elle était de bonne famille. Pendant toute la route elle s'est comportée comme une lady, se faisant, pour dormir, un feu à part des autres, et nous rendant beaucoup de services, allant acheter nos provisions et en obtenant le double de ce que nous aurions eu pour la même somme; racontant avec chaleur notre conduite à son égard, demandant pour nous des vivres à un de ses beaux-frères, et se chargeant d'un sac de verroterie quand nous étions à court de porteurs. Elle nous a quittés en nous exprimant toute sa reconnaissance; nous sommes heureux d'avoir obligé quelqu'un d'aussi méritant.

Vu une autre femme liée à un arbre, où elle était morte. Affreuse chose à voir, quel que soit le motif du crime. Il y a sur le chemin tant de fourches à esclaves, gisant çà et là, que je soupçonne les habitants de libérer les captifs et de les recueillir pour les revendre : cela pourrait expliquer leur richesse en calicot.

1er *juillet*. — A mesure que nous approchons du village de Mtarika le pays devient plus montueux; sur une profondeur de quinze cents mètres au sud de la Rovouma, vers laquelle il s'incline, il nourrit une population nombreuse.

La rivière a ici une largeur de près de cent mètres. Elle offre toujours le même aspect, celui d'un cours d'eau rapide, renfermant des bancs de sable et des îles, qui généralement sont habitées.

2 *juillet*. — Campés à l'ancienne résidence de Mtarika, où nous obtenons assez de vivres pour faire un repas par jour; mais il faut les payer de notre plus belle étoffe de couleur. Au même prix, nous pouvons donner accidentellement deux épis de maïs à chacun de nos hommes.

Nous sommes la proie de beaucoup de regards; les habitants, qui sont des Ajahous, se montrent fort curieux, parfois même jusqu'à la grossièreté. Tous les gens que nous avons vus depuis quatre jours, et tous ceux que nous trouverons d'ici au lac, sont de la même nation, presque de la même tribu que Chouma et Vouékétani. Le buffle, l'âne (il n'en reste plus qu'un) et Tchitané, mon chien caniche, excitent la même curiosité et provoquent les mêmes commentaires et les mêmes éclats de rire que ma personne.

3 *juillet.* — Une brève étape nous a conduits à la nouvelle résidence de Mtarika. Celui-ci, avant de paraître, a recueilli sur nous tous les renseignements possibles. La population est très-nombreuse. Les habitants font de nouveaux jardins ; de grandes lignes creusées à la houe, et d'un pied de large, divisent la terre à mettre en culture ; et l'on peut marcher longtemps sans sortir des champs ainsi partagés.

5 *juillet.* — Partis aujourd'hui pour le village de Mtandé. Après cela nous aurons huit grands jours de marche pour arriver chez Mataka.

Trouvé sur la route les os calcinés d'un individu accusé d'anthropophagie. Condamné à boire le poison, dont l'effet a sans doute fourni la preuve du crime, il a été brûlé au bord du chemin. Ses vêtements sont accrochés aux branches pour servir d'exemple aux autres.

7 *juillet.* — La végétation des hautes terres prédomine ; çà et là, des arbres se voient parmi des buissons d'une hauteur de cinq pieds, et de belles fleurs bleues et jaunes sont communes.

8 *juillet.* — Marche fatigante dans un pays dépeuplé. L'herbe est épaisse, les arbres sont de la grosseur des perches à houblon. Le sol est parfois légèrement siliceux, parfois de cette terre argileuse et rougeâtre où prospère le grain des indigènes.

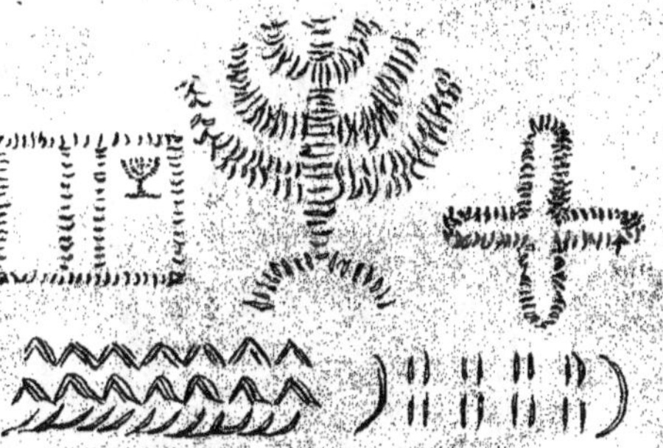

Tatouages des Mehamboues.

9 *juillet.* — Campés dans un endroit sauvage, près du mont Lesiro ; beaucoup de lions rugissent aux alentours. Cette nuit, un de ces compères à voix rauque nous a donné une longue sérénade, mais tout s'est borné là.

11 *juillet.* — Rien d'intéressant ; toujours la même fatigue. Les denrées sont tellement rares que c'est à peine si la ration est d'une poignée de grain par jour. Très-peu de petits oiseaux, bien que, pour eux, la nourriture abonde et qu'il y ait un ruisseau dans chaque pli de terrain.

13 *juillet.* — Beaucoup de nos gens sont en arrière ; mais nous marchons pour avoir des vivres et leur en envoyer. J'ai partagé hier au soir le peu de riz qui me restait ; quelques-uns n'ont rien eu.

Marche pénible ; montées et descentes continuelles. J'ai compté quinze ruisseaux et autant de vallées que séparaient des chaînes de collines. Arrivés au sommet d'une rampe où nous n'étions plus qu'à une heure des champs de Mataka, il nous a été impossible d'aller plus loin. Des hommes partiront demain, au point du jour, pour aller acheter des vivres ; la fatigue est si grande que pas un ne voulait accepter cette mission.

14 *juillet.* — A huit heures, nos messagers n'étant pas revenus, je suis parti pour en savoir la cause. Au bout d'une heure de marche, comme je descendais la pente rapide qui domine les premiers jardins, je vis mes hommes que mon apparition fit bondir : ils surveillaient une bouillie qu'ils avaient mise au feu. J'envoyai de la nourriture aux autres, et continuai ma route.

Moembé, la ville de Mataka, est située dans une haute vallée, entourée de montagnes ; elle compte au moins un millier de maisons et a une banlieue très-populeuse. Sa fondation est récente.

Mataka est un homme d'une soixantaine d'années, habillé à la mode arabe, ayant une bonne figure et l'humeur joyeuse. Jamais il n'avait vu d'homme à peau blanche. Il me donna pour logement une maison carrée ; à vrai dire, la plupart des maisons de Moemmbé ont cette forme, car les Arabes sont imités en toute chose. Le manioc se cultive sur des billons formés le long des rues : plantation régulière qui donne à la ville une bonne apparence.

Nous sommes ici à huit cents ou huit cent cinquante mètres au-dessus du niveau de l'Océan ; l'air est d'une grande fraîcheur, et les rhumes sont communs.

16-28 *juillet.* — Je renvoie mes cipayes ; Soliman, qui est un homme respectable, les ramènera à la côte.

Une foule d'oisifs entoure le chef et salue toutes ses paroles de rires approbateurs. Un jour Mataka m'a demandé, en supposant qu'il aille à Bombay, ce qu'il faudra qu'il y porte pour se faire de l'argent. Je lui ai répondu de prendre de l'ivoire. « Des esclaves ne seraient-ils pas une bonne affaire ? » reprit-il. « Vendre un homme à Bombay, répliquai-je, vous ferait mettre en prison. » L'idée du grand Mataka en *chokie* le révolta ; et, cette fois, les rieurs ne furent pas de son côté. Je lui dis alors ce que feraient les gens de ma nation dans un pays aussi riche que le sien, et je lui parlai de chemins de fer, de vaisseaux, de labourage avec des bœufs. Cette dernière idée le frappa, comme étant réalisable pour lui. « J'aurais aimé, lui dis-je, à vous laisser plusieurs de mes Nassickais pour vous apprendre à faire des charrues et beaucoup d'autres choses : pas un seul ne veut rester, de peur d'être vendu. »

Mataka voit maintenant où conduit ce trafic des uns par les autres, et cherche à l'arrêter ; mais les Alahous sont encore les pourvoyeurs les plus actifs des traitants. Ceux-ci arrivent dans leurs villages, où ils étalent les objets qu'ils apportent. Ces objets sont à vendre ; pour les avoir il faut des esclaves ; une razzia s'organise ; et, munis d'armes à feu par les Arabes, les Aïahous tombent chez les Mânnganyas, qui n'ont pas de fusils. C'est ainsi que les marchés s'approvisionnent. Les razzias continuent, et de proche en proche les rapts se multiplient. Au nord-est de Moemmbé, il y a au moins quatre-vingts kilomètres de terres fécondes, aujourd'hui désertes, et où l'on voit de tous côtés les traces d'une population nombreuse qui fondait le fer et cultivait le sol. Partout s'y rencontrent les tuyaux d'argile des soufflets qui servaient dans les fonderies. Les billons sur lesquels on plan-

« Je vis mes hommes que mon apparition fit bondir. » — Dessin de D. Maillart, d'après le texte.

tait le maïs sont tellement près les uns des autres que, dans les chemins qui les traversent, le pied pose alternativement à la crête et au fond du sillon ; et l'on franchit de la sorte des distances considérables.

Une grande quantité de vases brisés, décorés sur les bords d'imitations de vannerie, annoncent que les potières de ce temps-là suivaient l'exemple de leurs aïeules. Ces ornements sont primitifs, mais d'un meilleur dessin que je ne peux les reproduire sans les avoir sous les yeux.

Pour extrait et traduction : Henriette Loreau.

(La suite à la prochaine livraison.)

Nous rencontrons des gens armés d'arcs et de flèches (voy. p. 23). — Dessin d'Émile Bayard, d'après le texte.

LE DERNIER JOURNAL DE LIVINGSTONE,

1866-1873. — TRADUCTION INÉDITE[1].

28 *juillet* 1866. — Nous nous proposions de partir aujourd'hui : « Mais le grain n'est pas moulu et je ne vous ai pas donné de viande, » nous a dit Mataka. Presque tous les jours il nous a envoyé des repas copieux; et ce matin il m'a fait demander si je voulais emmener le bœuf qu'il me destinait, ou le tuer ici; j'ai préféré qu'on le tuât immédiatement. Mataka est venu ensuite avec une quantité de farine qu'il a fait moudre à notre intention, et nous a donné des guides pour nous conduire au Nyassa.

29 *juillet*. — En quittant Mataka nous avions beaucoup monté; vers la fin de la marche, le baromètre indiquait environ mille trente-cinq mètres au-dessus du niveau de la mer; c'est la plus grande altitude que nous ayons encore atteinte.

Partout des villages, ayant, pour la plupart, cent maisons et plus. Tous les endroits humides sont drainés, et les eaux du drainage employées à l'irrigation des terrains inférieurs. La majeure partie des sources révèlent la présence du fer par la rouille qu'elles déposent. Les arbres sont petits, excepté dans les fonds. Beaucoup de champs de pois en plein rapport. Beaucoup d'herbe et de fleurs sur les hautes terres et près des cours d'eau.

Les montagnes s'élèvent à six ou neuf cents mètres et plus au-dessus de leur base; nous les tournons sans cesse, escaladant et descendant constamment les pentes abruptes dont le pays est formé.

A partir du rivage, les plateaux qui se voient de chaque côté de la Rovouma surmontent des massifs de grès de couleur grise coiffés d'un conglomérat ferrugineux, selon toute apparence déposé par les eaux. Quand on a suivi la rivière en amont, sur une longueur d'environ cent kilomètres, on trouve, au pied des pentes qui surgissent du plateau, de nombreuses pièces de bois silicifié. C'est, en Afrique, l'indice certain de la présence de la houille; mais celle-ci n'affleure pas. Des ouadis, bien garnis de bois et d'herbe, et dont le sol profond est quelque peu sablonneux, déchirent les plateaux dans tous les sens. Au confluent du Loenndi et de la Rovouma, les hauteurs n'apparaissent plus que dans le lointain, et des morceaux de houille se montrent fréquemment dans le sable du premier de ces cours d'eau.

Avant d'arriver au confluent des deux rivières, à près de cent cinquante kilomètres de la côte, on voit succéder aux plateaux une contrée plus basse et plus unie, portant des masses granitiques de cent cinquante à plus de deux cents mètres d'élévation. Le grès du plateau a d'abord été durci, puis complétement métamorphosé en un schiste d'une nuance chocolat. Ainsi qu'au mont Tchilolé, on a des roches de formation ignée, ayant l'apparence de trapp, et coiffées de belles masses de dolomite blanche. A mesure que l'on va au couchant, on gagne en altitude, et on arrive à de longs espaces de gneiss mêlé d'hornblende. Ce gneiss est fréquemment strié; toutes les stries ont la même direction, quelquefois du nord au sud, ailleurs de l'est à l'ouest. Des étendues qu'il présente, surgissent de grands mamelons de granite ou de syénite, dont les flancs unis et les coupoles, où se voient à peine quelques arbres, atteignent de neuf à douze cents mètres au-dessus du niveau de la mer.

Sur la ligne de faîte, nous avons toujours ces mamelons granitiques dominant la plaine, si toutefois on peut appeler ainsi les intervalles qui les séparent, intervalles fortement ondulés, et sillonnés de filets d'eau sans nombre, qui constituent les sources de la Rovouma et du Loenndi. Le rocher le plus élevé que nous ayons vu se trouvait à une altitude de mille cinquante mètres; il contenait du micaschiste.

A partir de la ligne de faîte, le pays montueux prédomine et s'étend jusqu'au lac, vers lequel il descend, offrant une route jonchée de petits fragments de quartz qui rendent la marche excessivement pénible.

Nous sommes délivrés des cipayes, mais non des habitudes de paresse qu'ils ont introduites dans la bande; mes gens se couchent sur le sentier, et l'on n'avance pas.

30 *juillet*. — Une brève étape nous a conduits au village de Pézimeba : deux cents demeures, huttes et maisons, parfaitement situées. Le village est sur une éminence placée entre deux ruisseaux, dont on se sert comme ailleurs pour irriguer les champs de pois.

Nous sommes maintenant à cent mètres au-dessous de Magola, où nous étions hier. Franchi dans la journée beaucoup de ruisseaux, entre autres le Lotchési qui est assez large. Un grand nombre de collines sont tapissées d'herbe et d'autres plantes. On rencontre des fougères, des rhododendrons, et aussi un arbre feuillu, qui de loin ressemble au sapin argenté.

31 *juillet*. — Donné à Pézimeba deux yards d'étoffe de couleur; reçu en échange beaucoup de farine et d'autres aliments.

Sortis ce matin du pays habité, et campés au bord

1. Suite. — Voy. page 1.

du Msapo, à côté d'une montagne appelée Mtéouiré. Une caravane nombreuse était arrêtée près de notre camp; notre arrivée l'a fait partir.

1er *août.* — Vu le campement d'une autre bande; on y comptait dix parcs, dont chacun, d'après le nombre des feux, devait renfermer de quatre-vingts à cent esclaves. Cette bande, avec laquelle nous n'avons eu aucun rapport, a déguerpi également avant le jour. C'est le résultat de notre qualité d'Anglais.

2 *août.* — Il y a pour moi quelque chose de très-doux dans la vue de notre bivac au milieu de cette herbe jaunie, parsemée d'arbres comme dans le pays des Bétchouanas. Les oiseaux chantent gaiement, excités qu'ils sont par la fraîcheur de l'air et par le voisinage d'un certain nombre d'hommes. On voit beaucoup de traces de forgerons; des hauts fourneaux sont encore debout. Il y avait des cultures où sont maintenant des jungles.

3 *août.* — Arrivés à Mbânnga, village entouré d'arbres, principalement d'euphorbes. Nous voilà hors du pays dépeuplé; nous l'avons franchi dans sa partie la plus étroite. Couvert autrefois d'un nombre prodigieux d'habitants, ce pays n'est plus qu'une solitude de plus de cent cinquante kilomètres d'étendue.

4 *août.* — Séjour à Mioulé, sur les instances du chef, qui nous a fait observer qu'en partant demain de bonne heure, nous n'aurons qu'une nuit à passer dans la jungle. Je lui ai demandé la cause du dépeuplement de la contrée que nous venons de traverser; il m'a dit qu'une partie des habitants sont morts de faim, et que les autres ont émigré à l'ouest du Nyassa.

Il n'existe dans ces parages aucune tradition relative à l'emploi de haches, de pointes de flèches ou de lances en pierre. Le chef de Mioulé n'a même jamais entendu dire que, dans le pays, on ait ajouté un caillou à l'instrument de labour. J'ai vu en 1841, dans la Colonie du Cap, une femme de Bushman qui avait à la main une pierre ronde percée d'un trou. Sur ma demande, elle m'en apprit l'usage en insérant dans le trou son bâton à fouiller le sol, et en arrachant une racine; la pierre avait pour objet d'augmenter la puissance du levier.

6 *août.* — Passé ce matin près de deux cairns situés juste à l'endroit où apparaissent les eaux bleues du Nyassa. Nous avons ensuite rencontré le Misindjé, un affluent du lac que nous avons franchi cinq fois, par vingt mètres de large, avec de l'eau jusqu'au genou. Nos étapes sont brèves; les habitants nous font des cadeaux pour que nous restions chez eux. Un homme m'a apporté quatre poulets, trois grands paniers de maïs, des citrouilles et de la graisse d'élan, en me priant de ne pas partir afin qu'il puisse voir mes curiosités.

8 *août.* — Gagné le lac à l'embouchure du Misindjé. Il me semble être revenu à une ancienne demeure que je n'espérais plus revoir. C'est une grande joie de se replonger dans cette eau délicieuse, d'entendre rugir les vagues et de lutter contre leurs remous et leurs chocs. Température de l'eau, à huit heures du matin, + 21°,6.

Mokalaosé, le chef de l'endroit, est un vrai Mânnganya, d'une couleur plus foncée que les habitants de la région précédente, comme le sont tous les gens de sa race; ce qui tient à la chaleur humide du climat. Son accueil a été très-cordial; il nous a donné de l'éleusine, de la cassave, un plat d'hippopotame et de la bouillie. Il a quelques vaches et m'a offert du lait. On m'a vendu en outre des sandjikas fumés. Le sandjika est le meilleur poisson du lac : tout aussi fin qu'un hareng de premier choix, du moins il nous a paru tel; mais les voyageurs ont si bon appétit, qu'en pareille matière leur verdict peut manquer de justesse.

Remarqué un oiseau que les indigènes appellent *nametâmmboué;* il a la voix forte, et chante très-agréablement le soir, à la nuit close.

14 *août.* — Des gens d'ici, revenant de chez Mataka, rapportent qu'un Anglais est arrivé, qu'il m'amène des vaches : il a deux yeux derrière la tête, ainsi qu'au visage. La nouvelle me suffit.

Mokalaosé me parle de ses afflictions. Une de ses épouses l'a quitté. « Combien en avez-vous? lui demandai-je. — Il m'en reste vingt. — C'est encore dix-neuf de trop. » A cela, il me dit comme tous les autres : « Qui est-ce qui fait la cuisine chez vous pour les voyageurs, si vous n'avez qu'une femme? »

Impossible d'avoir une daou pour traverser le lac; tous les Arabes me fuient, le titre d'Anglais étant pour eux synonyme de confiscation d'esclaves. Ils ne savent pas lire, et le firman du Saïd que je leur fais porter ne me sert à rien.

22 *août.* — Arrivés à la Loanngoua de ce côté-ci du Nyassa. Marche d'environ onze kilomètres en pays montueux. La Loanngoua, près de son embouchure, a vingt mètres de large. Un Aïahou m'a prêté sa maison; elle est bien située, bien bâtie; mais impossible d'y dormir par suite des manœuvres d'innombrables petites fourmis dont elle est infestée.

30 *août.* — Tous les Arabes continuent à me fuir comme si j'avais la peste; il en résulte que je ne peux ni envoyer mes lettres à la côte, ni traverser le lac. Après avoir écouté les divers mensonges que l'on me donne pour excuses, je me décide à prendre au midi : nous passerons à l'endroit où le Chiré sort du Nyassa.

3 *septembre.* — Tchitané, mon barbet, change rapidement de couleur. Tous ses poils, sur les flancs et sur le cou, deviennent fauves, ce qui est la nuance de la plupart des chiens du pays.

Les Mânnganyas ont les cheveux très-épais et la mâchoire peu saillante, souvent même pas du tout. C'est une race aborigène. Le corps et les membres sont bien faits, les visages souvent fort agréables : je parle des hommes; les femmes sont à la fois massives et très-laides, mais extrêmement laborieuses. Elles travaillent dans les champs depuis le lever du soleil jusqu'à onze heures, et depuis trois heures jusqu'à la nuit; ou bien elles pilent le grain et le réduisent en farine.

Pendant le jour, les hommes font de la corde ou des filets; et, le soir, ils vont à la pêche. Ce sont eux qui bâtissent les huttes, dont le crépissage est du ressort des femmes.

Mokalaosé, à qui je venais de donner des graines de pois et de citrouille, m'emmena chez lui et m'offrit de la bière. J'en bus seulement deux ou trois gorgées; voyant que je refusais d'en prendre davantage, le chef me demanda si je désirais une servante pour *pata nimmeba*. Ne sachant pas ce qu'il voulait dire, je passai la bière à une jeune fille, en lui disant de boire; mais ce n'était pas l'intention de mon hôte : ce dernier prit la calebasse, et tandis qu'il buvait, la jeune femme, opérant sur lui le *pata nimmeba*, lui appliqua les mains autour de la taille, qu'elle pressa, et les ramena peu à peu sur le ventre. A chacune des libations, qui furent prolongées, elle exécuta la même manœuvre, « pour répartir également le liquide dans l'estomac. »

8 *septembre*. — Passé devant beaucoup de siéges d'anciens villages, faciles à reconnaître au figuier sacré qui abritait la place contre le soleil, et aux grands euphorbes qui constituaient l'enceinte. Les pierres à moudre le grain, celles des foyers et les banquettes d'argile transformées en brique par l'incendie, complètent ce témoignage. La destruction est récente. Pour fournir aux demandes des Arabes, les Aïahous, sur un espace de cinq à six kilomètres, ont presque entièrement dépeuplé la bande féconde qui se déroule entre la montagne et le lac. Il est douloureux de voir partout des crânes et des ossements d'hommes. On voudrait n'y pas faire attention, mais il est impossible de ne pas les remarquer.

10 *septembre*. — Un chef très-pauvre, n'ayant pas autre chose, m'a donné un pain de sel; il y avait déjà quelque temps que nous étions privé de ce luxe.

13 *septembre*. — Trente-huit cours d'eau permanents compensent ce que l'évaporation fait perdre au lac pendant la saison sèche, et lui permettent d'entretenir le Chiré. A l'époque des pluies, il s'y ajoute un grand nombre de ruisseaux torrentiels où nous trouvons encore de l'eau, mais dont l'embouchure est fermée par des sables qui ne laissent passer leur contenu que par infiltration. Entre l'étiage et le niveau le plus élevé du Nyassa, la différence est de quatre pieds au moins.

Dans cette région, que d'espoirs trompés ! Là-bas, sur la rive droite du Zambèze, est la tombe de celle dont la mort a changé tout mon avenir[1]; et sur le lac, où les bateaux d'un commerce honnête devaient supprimer la traite de l'homme, les daous des négriers se montrent seules et prospèrent. Je ne vivrai pas assez pour voir commencer des temps meilleurs; mais le jour viendra où toute chose sera ce qu'elle doit être.

1. Sa femme, morte le 27 août 1862.

19 *septembre*. — Hier enfin, nous avons passé la rivière entre le Nyassa et le petit lac de Pamalômmbé. Nous nous sommes rendus ensuite au village de Pima, dont les gens n'ont rien voulu faire pour nous.

Ce matin, nous avons gagné la résidence de Mpônnda, un gros bourg situé près d'un ruisseau, dans une plaine excessivement fertile, où il y a beaucoup de grands arbres. Mpônnda est une espèce de matamore chez qui tous les produits d'Europe éveillent un grand intérêt. Il voudrait venir avec moi, « son absence dût-elle se prolonger pendant dix ans. » Comme je lui faisais observer qu'il pourrait mourir dans le voyage : « Je mourrai aussi bien ici qu'ailleurs, répondit-il, et j'aurais au moins vu les merveilles de votre pays. » A la fin de la visite, il m'a demandé une médecine pour un enfant malade, me promettant des vivres en échange. La drogue soulage l'enfant, et j'ai plus de provisions que je ne peux en emporter.

Ici le travail agricole n'a rien de servile : tout le monde cultive la terre et s'en fait honneur. Lors de notre arrivée, Mpônnda travaillait à son jardin. Les esclaves font probablement le gros de la besogne, mais chacun y prend part et se glorifie de son habileté dans ce genre d'ouvrage.

De même qu'au bord de la Rovouma, le tatouage sert ici d'ornement, et presque toutes les femmes ont recours à cette parure. C'est une sorte de blason qui a beaucoup de rapport avec les tartans des montagnards d'Écosse.

21 *septembre*. — Nous marchons à l'ouest et traversons la base du cap Maclear. Deux hommes qui nous servaient à la fois de guides et de porteurs ont grommelé tout le temps; ils étaient blessés dans leur dignité. « Pensez donc! Des Aïahous chargés comme des esclaves! » Après un court trajet, ils ont profité de ce que j'étais en avant pour jeter leurs ballots, ils en ont ouvert un, se sont payés et ont déguerpi.

22 *septembre*. — Traversé des montagnes qui dominent le lac d'environ deux cents mètres et qui généralement sont couvertes d'arbres. Pas vu d'habitants. Nous étions accompagnés de six femmes aïahoues, parées avec élégance et portant d'énormes pots de bière à leurs maris, qui nous ont généreusement offert d'en prendre notre part.

24 *septembre*. — Les marais ou éponges terreuses jouent dans cette contrée un rôle des plus importants, qui sans doute explique les débordements annuels de la plupart des rivières. Dans tous les endroits où une plaine s'élève vers une étroite ouverture des montagnes, ou vers un terrain d'un niveau supérieur, se trouvent les conditions requises pour la formation d'une éponge. Les plantes de ces localités, n'appartenant pas au genre de celles qui forment la tourbe, donnent lieu, en se décomposant, à une couche de terreau noir excessivement fertile. Cette couche, de deux ou trois pieds d'épaisseur, recouvre en maint endroit un lit de sable de rivière absolument pur, ainsi

que le font voir les crabes et autres animaux aquatiques en ramenant ce gravier à la surface. Pendant la saison sèche, le terreau se fendille dans tous les sens, et les fissures, très-profondes, ont souvent trois pouces de large. Quand revient la pluie, les premières averses sont presque entièrement absorbées par le sable; le terreau s'imbibe et flotte sur la couche sableuse; les fentes étroites qui le divisent l'empêchent de glisser sur cette couche; et du suintement de chacune de ces fentes résulte un cours d'eau. Tous les étangs situés dans la partie inférieure de cette eau vive sont remplis par les premières ondées, qui se produisent lorsque le soleil est verticalement au-dessus de chaque endroit. A la seconde saison, celle des grandes pluies qui arrivent lorsque le soleil repasse au nord, tous les marais étant saturés, tous les étangs, tous les cours d'eau entièrement pleins, l'excédant s'échappe et l'inondation commence.

Femmes mánnganya et matchinga. — Dessin de Delafosse, d'après le texte et la gravure de l'édition anglaise.

25 *septembre*. — La ville de Marennga, située sur la côte occidentale du lac, est très-grande, et les habitants sont venus en foule regarder l'étranger. L'occasion m'a semblé favorable pour les entretenir de la Bible et leur parler de la vie future. Jamais leurs pères ne leur avaient rien dit au sujet de l'âme et ils pensaient que l'homme mourait et pourrissait tout entier. Mes paroles leur furent transmises par un orateur qui m'avait offert son assistance et qui était sans doute fort éloquent, à en juger par la manière dont il captiva l'auditoire.

Parut alors Marennga, drapé dans un châle de soie à

dessins rouges et suivi de dix beautés de la cour qui déroulèrent une natte, la couvrirent d'étoffe et vinrent s'asseoir pour soutenir le chef, auquel cette natte devait servir de siége. Plus noir que ses femmes et affligé d'une maladie de peau dégoûtante, dont il me fit l'exhibition, Marennga m'a paru très-laid.

26 *septembre.* — Un Arabe que nous avons croisé sur le chemin a dit à Mouza, le chef de mes hommes d'Anjouan, que tout le pays vers lequel nous allons est plein de Mazitous, que ceux-ci ont tué quarante-quatre Arabes et leurs serviteurs; bref, que lui seul a échappé au massacre. Sur ce, mes Anjouannais ont déclaré qu'ils n'iraient pas plus loin. « C'est un mauvais pays, » s'est écrié Mouza. Je l'ai conduit au chef, que j'ai questionné sur cette affaire. Marennga m'a répondu que c'étaient les Mânnganyas qui avaient attaqué les Arabes, et qu'il n'y avait pas de Mazitous dans l'endroit où nous allions, pas même dans le voisinage. Mais Mouza, à qui la peur faisait sortir les yeux de la tête, a persisté à croire le traitant. Quand nous nous sommes remis en marche, tous les Anjouannais ont laissé les ballots par terre et nous ont quittés. Ils sont tellement voleurs que je ne les regrette pas[1].

28 *septembre.* — Avant-hier, nous avons côtoyé en pirogue le talon du Nyassa, puis couché dans les roseaux; hier matin, nous avons débarqué à Mâânngoua.

Aujourd'hui nous nous trouvons chez Kimesousa, une ancienne connaissance, qui demeure au pied du mont Mouloundini, de la chaîne de Kirk. Depuis mon passage, Kimesousa ne vend plus ses sujets, et sa ville a beaucoup augmenté. Il est absent, mais sa femme nous comble de nourriture.

1er *octobre.* — Kimesousa est revenu ce matin et a paru très-content de revoir son vieil ami. Il a aussitôt envoyé chercher un énorme bélier, qui a tué un homme il y a peu de jours. L'animal est arrivé, attaché à une longue perche et porté par un groupe d'indigènes; il est prodigieusement gras. Un panier, non moins énorme et rempli de pombé, lui était adjoint. C'est la manière africaine de témoigner son affection : beaucoup de graisse et de bière. Il y avait, en outre, un panier de bouillie, une potée de viande cuite et un grand panier de maïs. Tant de vivres nous sont donnés que je suis obligé de dire que je ne peux pas les prendre.

4 *octobre.* — Une femme s'est présentée aujourd'hui et a persuadé à Chouma qu'elle était sa tante. Chouma a immédiatement éprouvé le besoin de lui donner une brasse de calicot et des grains de verre, qu'il est venu me demander à valoir sur ses gages. J'ai essayé à mon tour de lui persuader qu'il suffisait de quelques perles, et n'ai pas livré l'étoffe. Le pauvre garçon a donné sa cuiller et d'autres valeurs à sa prétendue parente, bien que celle-ci, avant de s'en être informée, ignorât le nom du père et celui de la tribu de ce cher neveu.

6 *octobre.* — Kimesousa se conduit à merveille. Ne pouvant pas me fournir les porteurs sur lesquels je comptais, il m'a dit hier : « Attendez jusqu'à demain, nous irons avec vous, moi et mes femmes; » et il a tenu parole. Ses femmes se sont chargées vaillamment; cela a fait honte à des jeunes gens qui étaient là; ils sont venus prendre le reste des ballots, et nous sommes partis.

8 *octobre.* — Je voulais renvoyer Kimesousa à la fin de la journée; mais il est venu jusqu'au bout de la chaîne et m'a procuré des hommes. J'ai payé ses femmes, qui non-seulement ont porté les bagages, mais encore fait la cuisine, et qui à chaque endroit où nous arrivions, battaient des mains et chantaient nos louanges jusqu'à une heure du matin : encore fallait-il les engager à aller dormir.

9 *octobre.* — Le baromètre et l'eau bouillante indiquent l'un et l'autre une altitude de plus de douze cents mètres au-dessus du niveau de la mer. Nous sommes à l'époque la plus chaude de l'année, mais l'air est délicieux, d'une limpidité parfaite. Le pays est très-beau : de longues pentes, et un cercle de montagnes s'élevant de six à neuf cents mètres au-dessus de la plaine. Presque toutes sont rocailleuses et dentelées, non pas arrondies comme celles des environs de Mataka. Très-peu d'arbres sur les coteaux, où les cultures, souvent en carrés, sont tellement étendues qu'il ne faut pas un grand effort d'imagination pour se croire dans les champs d'Angleterre; seulement les haies n'existent pas.

Les arbres sont en bouquets à la cime des monts, ou près des villages et des tombeaux. Voilà le moment où les feuilles se déploient; elles ne sont pas encore vertes. Sous un certain jour, elles paraissent brunes; quand on les voit de près, ou traversées par la lumière, le rouge domine. Parmi les plus nouvelles, on en trouve d'un vert jaunâtre, d'un rouge orangé ou de couleur de rose.

Le labour se fait profondément; l'écobuage est pratiqué, les récoltes sont abondantes. Hommes, femmes et enfants s'occupent d'agriculture; mais actuellement beaucoup d'hommes sont en train de filer le coton et le bouazé, fibre tirée de la racine d'un arbuste (le *securidaca à longs pédoncules*), et avec laquelle se fabrique une étoffe d'une extrême solidité, qui paraît être à l'usage exclusif des femmes. Les hommes sont vêtus de peaux de chèvre, et d'une manière peu confortable.

Il ne semble pas y avoir d'animaux sauvages dans le pays; de fait, la population est tellement nombreuse que les pauvres bêtes auraient une vie fort troublée. A chaque détour de la route nous voyons des villages ou nous rencontrons des gens, tous armés d'arcs et de flèches. L'arc est d'une grandeur peu commune; j'en ai mesuré un dont la corde avait près de deux mètres. Beaucoup d'hommes ont, en outre,

1. Ce sont ces Anjouannais qui, pour couvrir leur désertion et palper la somme qu'ils devaient toucher en cas de bons et loyaux services, rapportèrent la fausse nouvelle de la mort de Livingstone.

de grands couteaux d'excellent fer; celui-ci est abondant.

Les jeunes gens des deux sexes portent les cheveux longs. Une masse de petites mèches frisées, tombant sur les épaules, les fait ressembler aux habitants de l'ancienne Égypte. Souvent la frisure ne pend que d'un côté; chez quelques-uns les cheveux sont tressés de manière à former un bonnet. Peu de femmes se décorent du pélélé; mais il en est, parmi les jeunes, qui ont les deux bras couverts de lignes en relief, se croisant en losange, et dont l'acquisition a dû leur coûter de longues douleurs.

11 *octobre.* — Froide matinée. Un grand banc de nuages noirs se voit du côté de l'est, d'où vient le vent. Température au dehors, + 15° centigrades; au-dedans, + 21° 6'. Les cases sont bien bâties, et le soin avec lequel est faite leur toiture, la manière dont elles sont closes et crépies à l'intérieur, montrent que l'hiver est froid. Il y a dans la mienne un siége curieusement sculpté, fait dans la tribu des Mkouïsas, qui demeure au sud-ouest de ce pays-ci. Ce tabouret, d'un pied et demi de haut, sur deux pieds et demi de long, est taillé d'un seul bloc; toutes les bandes indiquées sont en relief.

Aujourd'hui, nous avons longé la base de plusieurs montagnes à peu près carrées, dont les flancs sont perpendiculaires. L'un de ces monts, appelé Oulazo, sert de grenier d'abondance aux gens des villages qui l'entourent. Il porte à son sommet de grands magasins renfermant des vivres réservés pour les cas d'invasion. Une grosse vache, nourrie sur ce plateau, passe pour savoir quand la guerre doit éclater et pour en avertir les gens à qui elle appartient. Ici, tous les habitants sont des Kânnthoundas (mot qui veut dire grimpeurs), et non des Maravis.

Disséminés dans la plaine ou groupés au pied des montagnes, les villages abondent; la plupart ne sont pas à huit cents mètres les uns des autres; on en voit très-peu qui soient à un ou deux kilomètres du voisin. Chacun de ces villages est entouré d'un bouquet d'arbres.

Sur tous les points incultes, la plaine est couverte d'herbes dont les plus hautes tiges ne vous arrivent qu'au genou. Le terrain est mollement ondulé; entre ses vagues, qui sont basses et orientées nord-est et sud-ouest, se trouve ordinairement un fond marécageux ou un cours d'eau; parfois c'est un chapelet de mares reliées entre elles par un filet d'eau vive.

Actuellement toute la population est occupée à faire des buttes de six ou huit pieds carrés, sur deux ou trois de hauteur. Pour cela, des plaques de gazon qu'on a détachées à la pioche sont mises en tas, l'herbe en dessous. Quand ces tas ont séché, on les soumet à une combustion lente, qui gagne une partie du sol. L'incinération achevée, on prend la terre qui entoure le monceau; chaque poignée de cette terre passe de la houe dans la main gauche, qui la pulvérise et la répand, nette de mauvaises herbes, sur le tas de cendre. Déjà un grand nombre de ces buttes portent des haricots et du maïs de quatre pouces de hauteur; le plant est arrosé à la main depuis l'époque où la graine a été mise en terre et l'arrosement continue jusqu'à l'arrivée des pluies.

13 *octobre.* — Des collines surgissent de la plaine; après les montagnes que nous laissons derrière nous, elles produisent l'effet de simples éminences. Nous sommes à plus de neuf cents mètres au-dessus de l'Océan, et l'air est toujours d'une pureté délicieuse; mais nous traversons fréquemment des endroits couverts d'une plante des terrains marécageux et dont la forte odeur rappelle que cette localité n'est pas toujours aussi agréable. Le fait même de la plantation du maïs sur des buttes est une preuve de l'humidité du climat.

14 *octobre.* — Passé le dimanche chez Kaouma. Population nombreuse; gens très-cérémonieux. Quand nous rencontrons l'un des habitants, il se détourne et s'assied. Nous appuyons notre main fermée sur notre poitrine, en disant : *ri péta, ri péta* (laissez-nous passer); et l'homme répond en frappant dans ses mains, ce qui, dans le pays, est une marque d'assentiment et de respect.

22 *octobre.* — Traversé un village entouré de grands arbres et dont le chef est un bel échantillon des Kânnthoundas ou montagnards : grand et bien fait, un beau front et le nez assyrien. Il nous invite à coucher dans le village, et malheureusement je refuse. Après avoir quitté ce gentleman, qui s'appelle Kavéta, nous avons gagné un bourg de forgerons, où la même invitation nous a été faite, et a éprouvé le même refus; une sorte d'obstination nous poussait en avant. A la fin, nous sommes arrivés chez le grand Tchisômmpi, le fac-simile en noir de sir Colin Campbell : le nez, la bouche, les rides nombreuses qui couvrent le visage, identiques chez l'un et chez l'autre; mais la ressemblance ne va pas plus loin. Un pauvre homme que Tchisômmpi; la tête faible et mal avec son fils; néanmoins un grand chef aux yeux de son peuple. Dans tous les cas sa bourgade est sale et misérable, et il ne nous a rien offert.

Nous avons ensuite traversé le Diâmmpoué, et nous nous sommes trouvés à Paritala, joli village dont le chef se nomme Tchitikola. Celui-ci était absent pour cause de *milanndo*, cas judiciaire. Lorsqu'un indigène porte plainte contre tel ou tel autre, il y a milanndo; et les chefs de tous les villages voisins sont appelés à vider le différend. Pour tous les gens du pays, le milanndo est la grande affaire de ce monde. Quelques épis de maïs ayant été volés, Tchitikola a été mandé à une distance d'un jour de marche pour juger la cause. Il a administré le *mouâvé* (poison d'épreuve); et l'accusé l'ayant vomi, a été déclaré non coupable.

Tchitikola est revenu le soir, les pieds déchirés et accablé de fatigue; mais avant de se reposer, il nous a donné de la bière. Cette mention incessante du boire et du manger est naturelle; c'est le point capital de nos relations avec les chefs. Jusqu'à l'arrivée de Tchitikola, nous n'avons rien eu; au contraire, la reine nous a fait demander un peu de viande pour son enfant qui vient d'avoir la petite vérole; et comme il n'y a pas de boutique dans la ville, nous n'avons pas mangé de la journée. Ce matin, Tchitikola nous a donné une chèvre cuite et une grande quantité de bouillie; lui également a le type assyrien.

24 octobre. — Rencontré une bande de quinze éléphants, et vu beaucoup de bois abattu par ces animaux. Ils paraissent aimer les racines de certains arbres et passent beaucoup de temps à les arracher.

Il y a dans le pays un grand nombre de buffles, des troupeaux d'élans et d'autres antilopes, qui ne s'éloignent que d'une portée de flèche. Des caamas ou

Chouma et sa tante (voy. p. 22). — Dessin de D. Maillard, d'après le texte et une photographie.

bubales se tenaient à deux cents pas; nous avons tué l'un d'eux.

Pendant que nous regardions rôtir notre viande, des gens en fuite nous dirent que les Mazitous faisaient une razzia. Passèrent bientôt des fugitifs d'un autre village, qui nous confirmèrent la nouvelle. Tous ces gens-là se dirigeaient vers les montagnes; et nous nous disposions à les suivre, quand nous apprîmes que les Mazitous s'en allaient au sud. Un chef nous a prié de tirer un coup de fusil pour leur faire entendre qu'il y avait là des gens armés. D'après le témoignage de tous les indigènes, ces maraudeurs fuient devant les armes à feu; cela me fait croire que ce ne sont pas des Zoulous, bien qu'ils aient emprunté à ces derniers quelques-unes de leurs coutumes.

26 octobre. — Nos porteurs de ce matin n'ont pas

Forgerons mânganyas. — Dessin de D. Maillard, d'après le texte et la gravure de l'édition anglaise.

été contents de la coudée de calicot que je leur ai donnée pour salaire; mais quelques perles les ont enchantés. Je ne les reverrai probablement jamais; cependant je tiens à leur faire plaisir, parce que cela est juste. Il y a beaucoup de bon chez ces braves gens. En cas de milanndo, ils comptent sur leurs parents, sur leurs amis les plus éloignés pour venir plaider leur cause; et leur attente est rarement trompée, bien qu'en certaines occasions, actuellement par exemple, leur temps soit fort précieux. On ne rencontre pas d'homme qui aujourd'hui n'ait la pioche ou la cognée sur l'épaule; et ils ne s'asseyent que pour nous regarder passer.

Beaucoup d'entre eux ont le lobe de l'oreille largement fendu; tous portent la marque distinctive de la tribu à laquelle ils appartiennent. Les femmes, plus que les hommes, s'accordent le luxe douloureux du tatouage et s'évident le tranchant des incisives médianes. Un grand nombre d'indigènes ont l'angle facial tout à fait grec. Les traits et les membres délicats sont communs; en général, les mains et les pieds sont petits, et les talons projetés en arrière ne sont pas moins rares ici qu'en Europe.

29 *octobre*. — La première pluie de la saison, pluie d'orage, est tombée cette après-midi. A l'ombre, température de l'air : + 33°; au soleil, température du sol : + 60° et davantage : j'ai craint de briser le thermomètre, qui n'avait plus de champ, et je l'ai repris avant qu'il eût cessé de monter.

La chute d'eau, qui n'a été que d'un pouce et quart, a eu pour effet de nous priver des porteurs que nous avions retenus. Ils sont tous dans leurs jardins à faire leurs semis; c'est un jour de halte.

Des gens de Tété sont venus dans le pays acheter des esclaves; et nous retrouvons les punaises dont nous étions délivrés depuis que nous avions quitté la route des traitants.

2 *novembre*. — Il nous a fallu rebrousser chemin plus que nous n'aurions voulu. Notre marche est celle d'un vaisseau battu par des vents contraires. Cela tient à la difficulté de se procurer des vivres, et à l'impossibilité de se renseigner sur le pays. Nulle information à obtenir au delà des limites les plus restreintes; les forgerons eux-mêmes, qui colportent leurs marchandises, ne sont pas moins ignorants que les autres. Ils approvisionnent de houes et de couteaux les villages environnants, joignent les travaux agricoles à ceux de leur métier, et ne connaissent rien en dehors de leur cercle habituel.

9 *novembre*. — Pays plat, où sont disséminées des montagnes qui, sur la carte, lui donnent l'aspect d'une région montueuse. Nous sommes sur la ligne du partage des eaux entre le Nyassa et la Loanngoua du Zambèze. Les rivulettes qui se dirigent à l'ouest coulent dans de profonds défilés, et l'altitude de la plaine que nous traversons met hors de doute que pas un ruisseau ne peut venir des basses terres du couchant.

10 *novembre*. — Au bord du Manndo, petite rivière qui se jette dans le Boua, est un village de forgerons habité par des Mânnganyas. Le bruit incessant des forges annonce que le travail est actif. A l'industrie du fer, les habitants ajoutent l'agriculture et la chasse avec des filets.

Le marteau qu'on entend depuis le lever du soleil jusqu'à la nuit est une pierre enlacée d'une courroie, faite avec une écorce très-solide, et qui, à droite et à gauche, forme une boucle servant de poignée. Deux morceaux d'écorce représentent la pince, et un bloc de pierre enfoncé dans le sol constitue l'enclume. Quant au soufflet, il est composé de deux sacs en peau de chèvre, ayant, au bout fermé, un tuyau d'argile, et se manœuvrant au moyen de deux bâtons fixés à l'ouverture. Avec ce mince outillage, le forgeron fait plusieurs houes par jour. Le fer qu'il emploie, extrait d'une hématite jaune qui abonde dans le pays, est de très-bonne qualité.

14 *novembre*. — Marché vers le nord, en doublant la colline de Tchisia, et passé la nuit dans un autre village de forgerons, ou plutôt de fondeurs; les deux métiers, du reste, sont toujours associés.

Les habitants de Kalommbi, où nous avons passé quatre jours, avaient naguère autour de leur village une estacade de figuier et d'euphorbe; cette enceinte, qui leur avait permis de repousser les Mazitous, a été détruite par les éléphants et les buffles pendant une absence qu'ils ont faite. Il arrive quelquefois que les lions entrent dans les cases en traversant la couverture, ce que font aussi les éléphants : j'ai vu un toit qui en fournissait la preuve. La seule chance de salut qu'aient, en pareil cas, les habitants de la hutte, est d'enfoncer une lance dans le ventre de la bête qui leur arrive de la sorte.

17 *novembre*. — Arrivés hier à Kanyénedjé, dont le chef, appelé Kanyinedoula, était en train de recueillir du charbon pour ses fonderies. Il m'envoya une députation pour me prier de ne partir que le lendemain. Parmi les envoyés se trouvait un vieillard qui avait au bras vingt-sept anneaux taillés dans la peau d'autant d'éléphants tués par lui seul et avec une simple lance.

Kanyinedoula est revenu le soir; c'est un homme actif, à l'air sévère, mais avec lequel nous nous sommes très-bien entendus.

20 *novembre*. — Arrêtés par un orage à Kanyénedjéré-Mpennda, bourgade située à la source même du Boua (latitude méridionale, 13° 40').

La vallée est d'un charme indicible : à droite et à gauche, des montagnes doucement arrondies et couvertes de feuillage, excepté aux endroits où le sol rouge est mis à nu par l'incendie annuel. L'herbe nouvelle commence à poindre, la jeune feuillée est ravissante, l'air d'une fraîcheur délicieuse; les oiseaux chantent gaiement; la grosse bête est commune.

22 *novembre*. — Nous sommes sur la pente qui incline vers la Loanngoua de Zoumbo, et nous descendons rapidement. Gagné le village de Siloubi, situé

Réception du docteur par Tchitapanngoua. — Dessin d'Émile Bayard, d'après le texte et la gravure de l'édition anglaise.

au pied d'une colline rocheuse. Pas de vivres : les Mazitous n'ont rien laissé. Heureusement que les gens de Zéoré, chez qui nous étions hier, n'ont pas eu la visite des maraudeurs et ont pu nous vendre un peu de grain. Ce sont toujours des Mânnganyas, mais de la tribu des Etchéhouas ; leur tatouage est différent, leur coiffure n'est plus la même. Les hommes portent leurs cheveux dressés ; on dirait que des crins de queue d'éléphant leur ont été plantés autour de la tête. Les femmes sont ornées d'un petit pélélé et ont la lèvre inférieure décorée d'un brin de chaume ou de bois qui se balance et descend jusqu'au menton. Dans l'enceinte des villages, il y a encombrement de huttes ; les enfants ont bien peu de place pour jouer. Pas de renseignements à obtenir; la race des Mânnganyas est des plus casanières.

30 *novembre.* — Emmbora, le chef de l'endroit, est venu me voir ; c'est un homme de grande taille, avec la figure d'un Yankee. Je l'ai beaucoup amusé en lui demandant s'il n'était pas un Motoumboka? « Lui, d'une tribu si inférieure ! » Après avoir bien ri de cette idée, il m'a répondu fièrement qu'il appartenait aux Etchéhouas, qui généralement sont forgerons, et dont tout le pays vers lequel je me dirige est peuplé.

Incisives supérieures de femmes mânnganyas.

3 *décembre.* — Un tape-tape continuel annonce que l'on fabrique de l'étoffe. Aussitôt qu'elle est détachée de l'arbre, l'écorce avec laquelle se fait cette espèce de feutre est mise dans l'eau ou dans un trou fangeux et y reste jusqu'au moment où la partie extérieure du liber peut s'enlever. Commence alors le battage, qui a pour objet de diviser les fibres et de les assouplir. Le maillet employé pour cela est de forme conique et souvent en ébène. Il porte à sa base de petits sillons croisés qui permettent de donner aux fibres la flexibilité voulue sans les rompre.

Tabouret.

12 *décembre.* — Marché à travers une forêt ondulée, où nous n'avons eu pour chemin qu'une piste d'animaux, qu'il a fallu quitter lorsqu'elle a changé de direction. Nous nous sommes alors reposés sous un baobab où il y avait un nid de marabout, simple amas de bûchettes sur une branche. Les petits poussèrent des *tcheuk tchruk*, d'une voix forte, et les parents accoururent. Un souimanga, à plastron et à gorge écarlates, avait sa couvée sur une autre branche ; le nid était fait comme celui du tisserin, mais n'avait pas de tube. J'ai vu la mère récolter les insectes sur les feuilles et sur l'écorce de l'arbre ; l'espèce est donc à la fois insectivore et mellisuge. La cueillette se faisait au vol, l'oiseau n'étant posé que sur ses ailes.

Beaucoup de traces d'élans, de gnous, de bubales, d'antilopes des roseaux, de buffles, de pallahs, de zèbres, et la tsétsé, leur parasite.

13 *décembre.* — Tué un pallah (antilope à pieds noirs) et cueilli une plante très-remarquable, nommée *katenndé* : un verticille de soixante-douze fleurs sortant d'une racine plate et ronde, — mais cela ne peut pas se décrire.

16 *décembre.* — Pas de vivres, à aucun prix. Nous avons passé la Loanngoua, qui nous a semblé avoir une largeur de soixante-dix à quatre-vingt-dix mètres; le gué en est profond. On dit qu'elle prend sa source dans le nord. Ses rives — terrain alluvial — sont couvertes d'arbres de haute futaie. Elle coule sur un lit sableux, et, comme le Zambèze, elle renferme de grands bancs de sable. Nous l'avons franchie par 12° 45′ de latitude méridionale.

18 *décembre.* — Mes gens ont les pieds traversés par des épines et murmurent ; j'ai été obligé de changer de direction et de prendre à l'est. Arrivés chez Molennga, nous avons trouvé des guides et repris la route du nord. En maint endroit la plaine est couverte de petites buttes de la hauteur d'un chapeau, — l'œuvre des crabes, probablement, — et qui maintenant, durcies par la chaleur, rendent la marche très-pénible. Sous les arbres on a un sol uni. Le bois est formé de grands bauhinias, espacés de vingt à trente mètres ; les premières branches sont fort élevées, de sorte qu'on voit les animaux et qu'on en est vu de très-loin. Ces bois sont charmants dans les premières heures du jour ; mais, quand le soleil a monté, les feuilles deviennent perpendiculaires et ne donnent plus d'ombre ; le terrain, qui est argileux, cuit dans cette fournaise et prend la dureté de la brique.

Très-commun dans la forêt, un martin-pêcheur la fait retentir de ses notes stridentes. Un oiseau d'un autre genre attire également l'attention par son activité jaseuse. La pintade et le francolin abondent, ainsi d'ailleurs que le gibier à poil, zèbres et antilopes. J'ai tué un magnifique coudou (*antilope trepsicère*) de cinq pieds six pouces anglais de haut, et des cornes de trois pieds de ligne droite ; mais nous n'avons pas de grain.

23 *décembre.* — La faim nous pousse en avant, car ne manger que de la viande, cela ne peut pas suffire.

24 *décembre.* — En retour de notre étoffe, Kavimeba nous a donné fort peu de chose ; il ne vend qu'à des prix exorbitants. Une chemise a fait envie au chef qui m'a envoyé sa femme pour la marchander. La noble épouse a débuté par une série de jurons et d'invectives ; j'ai enduré tout cela et n'ai obtenu de la chemise qu'un prix très-minime. Nous ferons le repas de Noël un autre jour. Ici, les femmes paraissent fort peu disciplinées ; le frère de Kavimeda s'est disputé avec la sienne, et chaque bordée d'injures se terminait des deux côtés par un appel au poison d'épreuve : « Apportez le mouavé, apportez le mouavé ! »

25 *décembre*. Noël 1866. — Mes quatre chèvres ont été prises ou se sont perdues dans les bois.

Si grossière que fût la nourriture, un peu de lait la faisait passer et je me sentais fort et bien portant. Cette perte m'afflige plus que je ne saurais le dire.

27 *décembre*. — Gagné dans l'après-midi les montagnes qui se voyaient au nord. Tandis que nous nous reposions, au sommet de la première pente, deux chasseurs d'abeilles se sont approchés de nous; ils suivaient l'oiseau du miel. L'indicateur, les voyant se détourner, est venu les rejoindre et il a tranquillement attendu pendant une demi-heure qu'ils eussent fini leur pipe et leur causette; puis il s'en est allé avec eux pour leur servir de guide.

29 *décembre*. — Rien pu obtenir qu'un peu d'éleusine qui grince sous la dent et gratte l'estomac.

Tchitapánngoua et sa femme. — Dessin d'Émile Bayard, d'après le texte et la gravure de l'édition anglaise.

La forêt retentit du chant des oiseaux; ils sont tous très-occupés de leurs nids. Des fleurs éclatantes demeurent inaperçues ; mais tout ce qui est mangeable attire les indigènes, qui savent fort bien le reconnaître. J'ai regardé dans le panier d'une femme qui rapportait des feuilles pour souper : il y en avait de dix ou douze espèces, et, en outre, des fleurs d'orchidées et des champignons.

31 *décembre*. — Une femme est venue de très-loin, bâtir, avec un soin extrême, une case en miniature à la place où était la maison de sa mère, brûlée par les chasseurs d'esclaves.

Elle a déposé dans cette hutte minuscule une offrande d'aliments, et cet acte de piété filiale a soulagé son pauvre cœur.

Arrivés au village de Tchitemmbo, nous avons trouvé les maisons désertes et n'ayant plus de chaume. Les villageois, qui sont des Babisa, en ont emporté les couvertures dans les champs où ils vont demeurer jusqu'après la récolte. Cette mise à nu de la charpente détruit beaucoup d'insectes; mais les traitants sèment partout la punaise domestique. Ce ne serait rien s'ils ne faisaient pas d'autre mal.

1er *janvier* 1867. — Puisse Celui qui est toute grâce et toute vérité me faire participer à ces dons : la grâce : douceur et bienveillance, empressement à être utile; la vérité : franchise, fidélité et honneur!

4 *janvier*. — Pluie continue. Suivant le baromètre, un peu plus de douze cents mètres d'altitude; d'après l'eau bouillante, moins de onze cents. Bien que nous n'ayons pu obtenir qu'un peu d'éleusine, la pluie nous arrête. Je n'ai rien de soluble, ni sel, ni sucre; mais la poudre et l'étoffe s'endommagent facilement.

5 *janvier*. — La chère est mauvaise et trop courte; j'ai toujours faim; et, au lieu de dormir, je rêve d'une meilleure nourriture. Même en plein jour, les viandes savoureuses se représentent vivement à mon esprit.

6 *janvier*. — Pas d'habitants, sinon de longs intervalles, et pas d'animaux. Les gens sont des Babisa, qui, par leur chasse à l'esclave, ont réduit leur propre pays à l'état de jungle.

De tous côtés la feuillée nous entoure; aussi loin qu'elle peut s'étendre, la vue ne distingue qu'un manteau onduleux, masse de verdure qui, dans le lointain, est d'un bleu foncé. Près de nous, il y a des fleurs : gingembres bleus ou jaunes, orchidées rouges, d'un bel orangé ou d'un bleu pur; de pâles lobélies; çà et là des lis de Chalcédoine et beaucoup d'autres; cela n'altère pas la couleur verte de l'ensemble.

10 *janvier*. — Hier je n'avais plus de farine. Simon m'a donné un peu de la sienne; ce matin encore : c'était le reste, et il est parti à jeun. J'ai serré de trois trous ma ceinture pour être moins affamé.

Arrivés à midi au village de Tchafounga. Famine ici comme ailleurs; mais on a tué un éléphant il y a quelques jours, et l'on nous en a offert. Cette viande, très-avancée, était d'un prix non moins haut que le fumet, et, pour en avoir, nous avons donné ce que nous avions de plus beau en fait d'étoffe.

15 *janvier*. — Traversé un petit lac appelé Tchimeboué ou Mapâmmba et qui a huit kilomètres de long sur deux à deux et demi de large. Je passai le premier, oubliant de donner des ordres à l'égard de Tchitané, mon pauvre caniche. De l'eau jusqu'à la ceinture, le fond tourbeux, percé de trous et infesté de sangsues. Chacun de nous était trop occupé de soi-même pour songer au vaillant petit animal. Il aura nagé bravement, jusqu'à bout de force; puis il aura sombré. Pauvre Tchitané! il défendait si bien nos huttes contre les chiens du pays! Aucun n'osait approcher et nous rien prendre; lui n'a jamais rien volé. Il partageait avec son maître l'étonnement des indigènes; et pendant la marche il se chargeait de toute la bande, courant à l'avant-garde, puis revenant en arrière pour voir si tout allait bien. Et il est mort dans cette nappe d'eau, qui, pour nous, s'appelle aujourd'hui l'Eau de Tchitané!

16 *janvier*. — Marche à travers des montagnes, dont la roche est une belle dolomite blanche et rose, maigrement couverte d'arbres et de plantes des hautes terres. Rien qu'un peu d'éleusine en manière de potage et de galette; nous en avons fait griller et bouillir, pour nous faire croire que c'était du café.

Toujours des bois; une clairière, puis une longue forêt. Actuellement, le sol est fangeux; on a toujours les pieds mouillés. Les rivières coulent avec force et, bien que débordées, roulent des eaux transparentes. Elles vont au nord et à l'ouest rejoindre le Chambèze.

19 *janvier*. — Latitude : 11° 9′ 2″ au sud de l'équateur; longitude orientale : 29° 41′ 3″. Élévation au-dessus du niveau de la mer, d'après le baromètre, seize cent trente-deux mètres; sommet de la montagne, deux mille vingt-trois.

Partout la famine et des prix de disette. Les habitants vivent de champignons et de feuillage; des premiers, ils récoltent six espèces et en rejettent dix; il leur a fallu de tristes expériences pour apprendre à les reconnaître.

On nous a vendu un peu d'éléphant, et plus que faisandé. C'est très-amer; nous nous en servons néanmoins pour relever notre bouillie d'éleusine. Rien n'est perdu; la peau se vend comme le reste; on n'y toucherait pas du bout des doigts si l'on avait autre chose; mais, si affreuse que soit cette viande, on est heureux de pouvoir en obtenir.

21 *janvier*. — Les deux Aïahous qui nous accompagnaient ont déserté. Ils avaient toujours été fidèles, et nous rendaient de grands services. La pluie a effacé la trace de leurs pas; impossible de les rejoindre. C'est d'autant plus douloureux qu'ils emportent la boîte de médicaments, pour nous la chose la plus précieuse; et ils la jetteront quand ils en auront vu le contenu. Si épaisse est la forêt, qu'on ne les a pas vus partir; ils s'en vont avec tous les plats, une boîte de poudre, un sac de cartouches, deux armes à feu, des outils et la farine achetée si cher. Mais c'est la perte de notre pharmacie qui est la plus grave. J'en suis ému, comme d'une sentence de mort.

23 *janvier*. — Une marche de cinq heures trois quarts nous a conduits hier à l'estacade de Tchibannda; et, comme ailleurs, pas de denrées. Une faim perpétuelle nous tourmente. Rien d'étonnant si les affaires d'estomac occupent tant de place dans ce journal; ce n'est pas le simple désir de faire un bon repas, mais la faim avec ses morsures et ses défaillances

24 *janvier*. — Grâce à Dieu! nos envoyés ont trouvé une provision d'éleusine au village de Moaba. Tout le monde est vêtu d'écorce, et notre étoffe est

méprisée; heureusement que les perles rouges sont à la mode et que nous en avons de cette couleur. Moaba a des vaches, des moutons et des chèvres. Sur l'autre rive, l'abondance est encore plus grande; nous allons pouvoir recouvrer la chair que nous avons perdue.

29 *janvier.* — Passé hier le Chambèze; il est largement débordé, mais les deux lignes d'arbres touffus qui indiquent la place de ses berges ne sont pas à plus de quarante mètres l'une de l'autre.

31 *janvier.* — Toujours dans la forêt; toutefois des jardins plus grands que ceux du Lobisa commencent à paraître. Il y a dans les vallées une sorte d'herbe dont la graine, de couleur jaune, est portée par des tiges roses; l'effet est charmant.

Vers le milieu du jour, nous avons atteint le Lopiri, au bord duquel demeure Tchitapânngoua; peu de temps après, le village déployait devant nous sa triple enceinte, dont l'estacade intérieure est défendue par un large fossé et par une haie de solanée épineuse.

Le chef m'a fait demander si je voulais une audience, et fait dire en même temps que je devais avoir quelque chose dans les mains la première fois que je paraîtrais devant un si haut personnage. J'ai répondu que je me présenterais dans la soirée, et, à cinq heures, j'ai fait annoncer ma visite.

Après avoir franchi la dernière estacade, nous avons trouvé de grandes cases, dont une énorme devant laquelle nous attendait Tchitapânngoua. Il était assis; près de lui se voyaient une douzaine d'individus assis également, mais sur leurs talons. Trois autres portaient des tambours; et une dizaine — peut-être davantage — avaient un grelot à chaque main. Les premiers tambourinaient avec furie; les seconds agitaient leurs grelots avec non moins de fougue et sur le même rhythme que les tambours. Deux de ces sonneurs, avançant et reculant, profondément courbés, secouaient leurs instruments près du sol, comme pour rendre hommage au chef, et conservaient la même mesure. Je refusai de m'asseoir par terre, et l'on m'apporta une énorme dent d'éléphant en guise de siége.

Le chef me salua courtoisement; il a la figure rebondie et joviale, et les jambes chargées d'anneaux de cuivre et de laiton. Après avoir parlé de choses et d'autres, il me conduisit près d'un troupeau de vaches, et me désigna l'une des plus belles, en me disant : « Elle est à toi. » La défense sur laquelle je me suis assis m'a été également donnée. Pour me montrer qu'il acceptait mes dons, Tchitapânngoua s'est couvert immédiatement de la pièce d'étoffe que je lui ai offerte; et ce soir il a fait remettre dans ma case deux grands paniers de sorgho.

1er *février.* — Voulant reconnaître la générosité de Tchitapânngoua, je lui ai porté ce matin une de mes plus belles étoffes; mais quand j'ai voulu faire tuer ma vache, un homme s'y est opposé, et m'en a désigné une plus petite. J'ai refusé la bête, et j'ai parlé de me rendre à un autre village pour acheter des chèvres. Colère de Tchitapânngoua, qui a fini par me dire de prendre la grosse vache et de donner ce que je voudrais. C'était un piége; il m'a renvoyé les quatre brasses d'étoffe que j'avais ajoutées aux précédentes et m'a demandé une couverture. Chose pénible d'être victime de la sorte, mais il y a plus de six semaines que nous n'avons fait gras.

6 *février.* — Tchitapânngoua est venu avec deux de ses épouses pour voir mes instruments et mes livres et a fait des observations fort intelligentes. Ici, la mode, pour les femmes, est d'exposer à la vue le haut de la partie postérieure de leur corps et de laisser tomber au-dessous et de chaque côté une étoffe très-raide.

7 *février.* — Nous sommes loin de compte. J'ai payé la vache quatre fois ce qu'elle valait; et Tchitapânngoua m'accuse d'avarice. Il veut une couverture que je n'ai pas et une de mes caisses de fer-blanc, sinon il nous renverra, déclarera la guerre, nous fera mourir de faim; mes gens sont frappés de terreur.

10 *février.* — Je découvre que mes Nassickais altèrent le sens de mes paroles, dans la crainte de déplaire au chef, et qu'ils ne me rendent pas plus exactement celles qui me sont adressées. Tchitapânngoua est d'un bon caractère; et quand nous pouvons nous entendre, nos rapports sont excellents; il est beaucoup moins avide que mes gens ne sont lâches. Bref, j'ai donné une vieille couverture appartenant à l'un de mes hommes; et tout s'est arrangé.

17 *février.* — Premier accès de fièvre, et pas de médicaments.

23 *février.* — Campés dans la forêt, à quinze cents mètres du village de Moemmba. Le chef nous a envoyé une députation pour nous inviter à venir chez lui : d'abord des jeunes gens, puis des vieillards; enfin il est venu avec une suite de soixante hommes. Je lui ai dit que je me trouvais mieux en plein air que dans une case; et lui ai promis d'aller le voir, ce que j'ai fait aujourd'hui. Moemmba est un gros homme fortement bâti, avec le physique d'un tavernier, louchant en dehors de l'œil gauche; mais intelligent et cordial. Je lui ai donné un grand morceau d'étoffe; il m'a rendu autant de farine qu'un homme en pouvait porter, et un grand panier d'arachides; il m'avait déjà fait présent d'une chèvre avec son cabri et d'une grande potée de bière. Je lui ai montré des gravures du dictionnaire de la Bible de Smith. A son tour, il m'a fait voir de belles dents d'éléphant, deux mètres soixante centimètres de longueur. Ce que nous allons faire au Tanganika l'intrigue beaucoup. « Y avez-vous des parents? et que voulez-vous acheter, sinon de l'ivoire ou des esclaves? »

10 *mars.* — Depuis que j'ai quitté Moemmba, j'ai toujours eu la fièvre; chaque pas me retentit dans la poitrine et me la déchire. C'est à grand'peine que je suis les autres, moi qui les attendais toujours. J'ai dans les oreilles un bourdonnement continu. L'appétit est bon, mais je n'ai pas de nourriture convenable : de l'éleusine ou des haricots, des arachi-

des; rarement une volaille. Le gibier ne se voit nulle part.

20 *mars.* — Impossible de nombrer les cours d'eau qui se dirigent au nord-ouest. Nous avons considérablement descendu, et nous sommes maintenant dans la vallée du Liemmba, où il fait plus chaud que sur les hautes terres. Ici, le vêtement d'écorce est rare, ce qui donne plus de valeur à notre étoffe. La peau de chèvre et celle des animaux sauvages sont employées comme draperie ; le jupon des femmes est singulièrement exigu.

1er *avril.* — Très-malade. Gravi des collines, et après en avoir franchi le sommet, aperçu l'eau bleue à travers les arbres. C'est l'extrémité sud-est du lac Liemmba.

12 *avril.* — Je n'ai rien vu de si calme, de si paisible que cette nappe d'eau pendant la matinée. Vers midi, la brise souffle doucement et produit des vagues d'une teinte bleuâtre. Latitude du premier endroit où nous avons touché le Liemmba : 8° 46′ 54″ ; longitude est, 29° 37′ ; toutefois ce n'est qu'approximatif.

Des éléphants sont venus près de nous : l'un d'eux a cassé les branches des arbres qui nous touchent. Je l'ai visé à l'oreille, mais le fusil me tombe des mains.

Village sur le lac Liemmba (Tanganika). — Gravure tirée de l'édition anglaise.

1er *mai.* — Quitté le Liemmba, qu'on appelle aussi quelquefois Tanganika, et passé la nuit à moitié chemin des montagnes.

14 *mai.* — Arrêtés à deux minutes de l'embouchure du Lofou, qui se jette dans le lac. Le chef du village, homme affable et généreux, insiste vivement pour que nous ne descendions pas la côte du Liemmba, attendu que Nsama, chef puissant, est en guerre avec les Arabes, et que nous pourrions être confondus avec ceux-ci.

20 *mai.* — Résidence de Tchitimmba. Une bande nombreuse d'Arabes du Sahouahil occupe une grande partie du village. Les plus marquants de ces Arabes sont Hamis Ouodim-Tagh et Saïd-ben-Ali-ben-Mansour. Hamis s'est montré pour moi d'une bonté parfaite : il m'a non-seulement donné des vivres, mais de l'étoffe et des perles, et beaucoup d'informations.

24 *mai.* — Toujours au village de Tchitimmba ; avant de le quitter, il faut voir la tournure que prendront les événements. Quelques Arabes sont partis aujourd'hui : s'ils rapportent de bonnes nouvelles, nous irons au sud, puis à l'ouest.

Un léopard a tué trois chèvres à côté du village, et cela en plein jour.

Pour extrait et traduction : Henriette Loreau.

(La suite à la prochaine livraison.)

Découverte du lac Bânngouéolo. — Dessin de Weber, d'après le texte et la gravure de l'édition anglaise.

LE DERNIER JOURNAL DE LIVINGSTONE.

1866-1873. — TRADUCTION INÉDITE [1].

28 *mai.* — On dit que Nsama a fait des excuses aux Arabes et a promis de les indemniser de tout ce qu'ils ont perdu ; nous saurons dans un jour ou deux si l'affaire est arrangée. Quelques-uns ont pleine confiance aux paroles de Nsama ; suivant les autres, il ne veut que gagner du temps, afin de construire une nouvelle estacade. En attendant, les gens de Kasônnso ravagent son territoire du côté de l'est. Hamis désire vivement que je ne parte pas avant l'arrivée de Kamepâmmba qui doit apporter des nouvelles ; dès que nous saurons à quoi nous en tenir, il s'occupera de nous faire passer en toute sécurité de chez Kasônnso au village de Tchihouéré.

1er *juin.* — Un autre parti de maraudeurs a été envoyé ce matin chez Nsama pour le punir d'une infraction au droit des gens, dont il se serait rendu coupable. La bande s'est mise en marche à contre-cœur ; elle n'est pas contente de sa mission ; mais quand elle aura goûté du pillage, elle sera plus satisfaite.

Près de la résidence de Moammba, située par 10° 10′ de latitude méridionale, la ligne de faîte commence à s'incliner vers le nord ; toutefois les cours d'eau sont extrêmement tortueux, et les indigènes n'ont sur leur direction que des idées très-confuses. Ainsi chez Moammba, tous les hommes m'ont affirmé que le Lokhopa va s'unir au Lokholou pour gagner avec lui une rivière qui se jette dans le Liemmba ; mais au même endroit, une jeune femme, qui paraissait très-intelligente, soutenait que le Lokhopa et le Lokholou

1. Suite. — Voy. p. 1 et 17.

vont rejoindre le Chambèze[1]; c'est de la sorte que je les ai indiqués sur ma carte. Les affluents du Chambèze et ceux du Liemmba s'entortillent les uns dans les autres; et il faudrait un examen beaucoup plus étendu que je ne peux le faire pour débrouiller leurs cours. Au nord de Moemmba, le terrain commence à s'incliner vers le Liemmba.

Avec les tributaires du Lofou, qui prend naissance sur le territoire de Tchiboué, nous avons de longues chaînes de dénudation d'une hauteur de cent soixante à cent quatre-vingts mètres. Les vallées que bordent ces collines versent leurs eaux directement dans le lac ou dans les quatre rivières qu'il reçoit.

Le pays descend peu à peu; il devient plus chaud et la tsétsé et les moustiques apparaissent; enfin on arrive à la cavité remarquable où repose le Liemmba. Plusieurs cours d'eau tombent du sommet de rochers à pic et forment de belles cascades. Aussi loin que la vue peut s'étendre, on voit, au nord et à l'est, se continuer les lignes de dénudation; une chaîne s'élève derrière une autre, et probablement les pentes se continuent jusqu'au Tanganika. Bien que la contrée soit couverte de bois interminables, ce que nous entendons par forêt vierge se voit rarement dans cette partie de l'intérieur. Les insectes font mourir une grande quantité d'arbres ou les empêchent de se développer; les indigènes en mutilent beaucoup pour faire leur étoffe d'écorce; les éléphants en brisent un grand nombre; et les arbres gigantesques ne se rencontrent que çà et là. Somme toute, les arbres sont rabougris et offrent peu de diversité. Par contre, les différentes sortes d'oiseaux qui chantent dans le feuillage semblent être plus nombreuses que dans la région du Zambèze; je suis surpris de la quantité de voix nouvelles que j'entends, mais je ne tire pas ces oiseaux-là.

Rien d'intéressant dans le village. Tous les hommes y sont occupés à préparer les repas et les vêtements, à faire des nattes et des paniers, tandis que les femmes nettoient le grain et en font la mouture, ce qui est une longue et rude besogne. Elles le mettent d'abord sécher au soleil; puis elles le pilent dans un mortier; elles le vannent dans une corbeille plate pour en enlever la poussière et l'écorce, et ensuite le broient sur la pierre. Il ne leur reste plus qu'à aller chercher de l'eau et du bois, à fabriquer la pâte et à la faire cuire.

Les bergeronnettes bâtissent leurs nids dans le chaume des cases; elles sont très-affairées; les autres bêtes, ainsi que les hommes, font preuve d'une activité pareille.

Je suis très-perplexe à l'égard de la route que je dois suivre. Quelques Arabes paraissent décidés à se diriger vers le couchant, dès qu'ils pourront s'entendre avec Nsama; les autres continuent à se méfier de celui-ci. On l'attend aujourd'hui ou demain.

16 *juin*. — On vient d'apprendre qu'une caravane a perdu quarante hommes de la petite vérole dans le sud-ouest du Lonnda. Par suite du différend qui existe entre Nsama et les Arabes, les Balonndas n'ont rien voulu vendre aux chefs de cette caravane : nouvel empêchement à ce que nous prenions cette route.

19 *juin*. — Nsama n'est pas venu. Hamis veut aller le trouver pour arranger l'affaire. Si ennuyeux qu'il soit d'attendre, mieux vaut encore s'y résoudre que d'aller au sud. Par ce détour, je manquerais de voir le Moéro, qui, d'après ce que l'on dit, n'est qu'à trois jours de la demeure de Nsama.

Tout le monde se plaint du froid; la position est élevée, et nous sommes au bord du Tchiloa, derrière un groupe d'arbres qui, le matin, nous cache le soleil. Le thermomètre ne marque parfois qu'un demi-degré centigrade au-dessus de zéro. Ce froid pousse les gens à faire du feu dans leurs cases, et souvent la maison brûle.

24 *juin*. — Tous les Arabes sont en prière et interrogent le Coran pour savoir la route qu'il faut choisir. Ils doivent se réunir demain afin de délibérer sur le parti à prendre à l'égard de Nsama. Celui-ci paraît tenir Hamis en grande estime : « Qu'il vienne, et tout s'arrangera, » a-t-il répondu à ceux qui lui en parlaient.

De jeunes bergeronnettes, presque entièrement empennées, se sont mises au vol, laissant l'une d'elles au fond du nid. Respectées par tout le monde, elles ne sont pas craintives; et à l'approche de leurs parents, elles se sont élancées en jetant de petits cris joyeux. Le père et la mère ont essayé de faire venir celui qui restait, allant au bord du nid, l'appelant à plusieurs reprises, s'envolant tout à coup et se retournant pour voir s'il les suivait. Le petit n'a pas bougé; cette manœuvre a duré plusieurs jours; ce matin, il a accompagné les autres.

14 *juillet*. — Les Arabes avaient décidé qu'Hamis irait trouver Nsama le lendemain du jour où paraîtrait la nouvelle lune (cette date a pour eux une grande signification). Hamis est donc parti; il a traversé le Loveu et a envoyé un message à Nsama. Celui-ci a bien accueilli les messagers; il leur a donné des vivres, de la bière et des bananes en abondance; et il a ratifié la paix en faisant échange de sang avec plusieurs des envoyés d'Hamis. C'est, dit-on, un vieillard excessivement bouffi, ne pouvant plus se mouvoir, et auquel ses femmes entonnent constamment de la bière. Il a donné dix défenses à Hamis, lui en a promis vingt autres, et s'est engagé à faire tous ses efforts pour que ses sujets rendent aux Arabes tout ce qu'ils leur ont pris. Il doit envoyer ici une ambassade après la nouvelle lune.

5 *août*. — Les gens de Nsama sont arrivés hier, mais pour nous dire de prendre patience : le chef n'a pas encore réuni l'ivoire et les objets volés.

1. La véritable orthographe serait Tchambèdzé; mais comme l'erreur qui a fait prendre cette rivière pour le haut *Dzambèdzi*, que nous appelons Zambèze, est due à la parité des deux noms, et que cette erreur joue un grand rôle dans les recherches de Livingstone, nous avons cru devoir conserver l'orthographe du texte, et non la traduire, afin que la ressemblance demeurât complète. (*Note du traducteur.*)

30 *août.* — Après trois mois et dix jours d'attente, nous avons quitté aujourd'hui le village de Tchitimmba. Une marche de deux heures et demie nous a fait gagner Pêmnda. Hamed-ben-Mohammed, que les indigènes appellent Tipo-Tipo, venait d'en partir; nous l'avons suivi.

2 *septembre.* — Traversé un beau district ondulé, couvert en grande partie d'une forêt où se rencontrent de nombreuses clairières et de beaux arbres le long des cours d'eau. Nous étions alors sur la pente septentrionale de la ligne de faîte et l'on avait un vaste horizon. Deux jolies petites rivières ont été passées. Au gué du Lofou, nous nous sommes trouvés à trois cents mètres au-dessous du village de Tchitimmba. Le Lofou, en cet endroit, a plus de quatre-vingt-dix mètres de large; il coule rapidement sur un fond de grès durci; nous y avons eu de l'eau tantôt jusqu'au-dessus du genou, tantôt jusqu'à la ceinture; ailleurs il est plus étroit, mais ne peut plus être passé à gué.

5 *septembre.* — A sept heures de marche à l'ouest du Lofou, nous nous sommes arrêtés au village d'Hara, pour y attendre la réponse de Nsama que nous avions fait prévenir de notre approche. Il a très-peur des Arabes, et avec raison. Jusqu'à ces derniers temps, il passait pour être invincible; une vingtaine de mousquets l'ont complétement battu, ce qui a jeté la terreur dans le pays. Bien que presque tous les habitants aient pris la fuite, la contrée est pleine de vivres; les arachides ont repoussé, faute de récolteurs; et trois cents personnes, vivant dans le district en toute licence, ne font aucun vide appréciable dans la masse des denrées.

9 *septembre.* — J'ai reçu de Nsama l'invitation d'aller le voir, mais sans fusil. Un grand nombre de ses sujets nous ont accompagnés; près d'arriver à l'estacade intérieure, ils ont tâté mes vêtements pour savoir si je n'avais pas d'armes sur moi.

Nsama est un homme très-âgé; il a la tête bien faite, une bonne figure et un gros ventre qui témoigne de sa passion pour la bière; on est obligé de le porter. Je lui ai donné deux mètres d'étoffe, et lui ai demandé des guides pour aller au lac Moéro; il me les a immédiatement accordés, et, à son tour, m'a demandé la permission de toucher mes habits et mes cheveux.

Demain nous retournons à Hara.

Les sujets de Nsama sont généralement de petite taille, et, pour la plupart, ont les traits bien dessinés, — rien du nègre de la côte occidentale. Beaucoup d'entre eux sont réellement beaux; mais ils se liment les dents en pointe et se défigurent singulièrement la bouche. En somme, ils ne diffèrent des Européens que par la couleur. Hommes et femmes ont communément la tête bien faite, et la manière dont ils se coiffent leur avantage le front : leurs cheveux sont rasés jusqu'au sommet de la tête; l'espace dénudé va en se rétrécissant à mesure qu'il s'élève, et par derrière la chevelure forme une dizaine de rouleaux.

14 *septembre.* — Je suis resté à Hara parce que j'étais malade. Hamis ne croyait plus aux paroles de Nsama; celui-ci lui avait promis une de ses filles en mariage pour cimenter la paix, mais ne la lui avait pas donnée. L'ivoire se faisait toujours attendre, et les indigènes ne venaient pas nous vendre de provisions, comme ils le font ailleurs. Hamis allait retourner au village de Tchitimmba, quand cette après-midi la fille de Nsama lui a été expédiée. Elle est arrivée à califourchon sur les épaules d'un homme. C'est une jeune et jolie femme, à l'air gracieux et modeste; ses cheveux, frottés avec du *nkola*, teinture que donne le ptérolobe santalinoïde, étaient complétement rouges, ce qui est un ornement très en vogue. Une douzaine de suivantes, jeunes et vieilles, accompagnaient la fiancée; chacune d'elles portait un petit panier de provisions : cassave, arachides, etc.

Les Arabes étaient en grande tenue; les esclaves, parés de costumes fantastiques, déchargeaient leurs fusils ou brandissaient leurs sabres en poussant des hurlements de joie. Quand elle eut gagné la porte d'Hamis, l'épousée mit pied à terre et entra dans la maison avec ses filles d'honneur : celles-ci avaient, comme elle, les traits fins et délicats. Je me levai aussitôt et m'éloignai. Comme je passais devant lui, j'entendis l'époux qui se disait à lui-même : « Hamis-Ouadim-Tagh! Où en es-tu arrivé! »

20 *septembre.* — Nouvelles difficultés avec Nsama. Hamis est allé le voir sans en parler à aucun de nous; évidemment il a honte de son beau-père. Je voulais aller trouver le chef et partir le jour même pour le Moéro; mais Hamis m'a fait dire que les guides étaient arrivés et que nous partirions après-demain tous ensemble. En voyant faire les préparatifs de départ, sa jeune femme s'est imaginée que c'était pour attaquer son père; et ce soir elle a décampé avec toute sa suite.

1er *octobre.* — Nous sommes partis le 22, comme il avait été convenu. Pendant la nuit, le feu a éclaté au village d'Hara et détruit toutes les cases des Arabes. Hamis a perdu tous ses grains de verre, ses fusils, sa poudre et son étoffe, à l'exception d'un ballot. La nouvelle en est arrivée ce matin; aussitôt des prières ont été dites, pendant lesquelles on a fait brûler de l'encens; le livre était tenu au-dessus de la fumée, et les prières s'adressaient principalement à Harasji, quelque parent de Mahomet. Ces Arabes sont très-religieux à leur façon.

Le 24 septembre, nous avons descendu et remonté, puis marché dans une forêt, ainsi que le jour suivant, où une descente d'environ trois cents mètres nous a conduits dans une plaine immense. A seize kilomètres à peu près de l'endroit où nous étions alors, passait une rivière que nous avons gagnée le surlendemain. Ce cours d'eau, qui a plus de quinze cents mètres de large, est rempli de papyrus et d'autres plantes aquatiques. En marchant sur le tapis d'herbes flottantes qui se trouvait au milieu, on évitait les racines de papyrus, très-dures pour les pieds nus; mais la nappe, qui ondulait sous le poids du corps, se déchirait souvent, et l'on tombait jusqu'à la ceinture dans un trou d'où l'on ne sortait qu'avec difficulté. Il nous a fallu une heure et demie pour franchir cette rivière qui s'appelle Tchiséra, et qui serpente au couchant où elle rejoint le Kalonngosi, affluent du Moéro. Des éléphants, des zèbres, des antilopes et des buffles pâturaient sur les pentes qui descendaient jusqu'au bord de l'eau.

Le 28, deux heures de marche vers le nord nous firent arriver au Kamosennga, rivière limpide d'une largeur de soixante-quinze mètres, qui coule vivement au milieu de plantes aquatiques et va recevoir la Tchiséra. Abondance de buffles, de zèbres et d'hippopotames; pays plat et couvert de buissons. Les cassias et un autre arbre de la famille des légumineuses sont en pleine fleur, l'air en est tout parfumé.

Hier nous avons traversé le Kamosennga et atteint le village de Karoungou. Celui-ci, très-effrayé, nous a d'abord tenus à distance; mais les Arabes ayant envoyé des messages à quelques chefs demeurant un peu plus loin, il s'est rassuré et a fini par nous montrer des dispositions amicales.

Causé longtemps avec Saïd; il pense que le soleil se lève et se couche, puisque c'est écrit dans le Coran; « d'ailleurs on le voit bien. » Il affirme que la venue de Mahomet a été prédite par Jésus, et que ce n'est pas celui-ci qui est mort sur la croix, mais un homme qu'on lui a substitué; car il n'est pas possible qu'un véritable prophète ait subi une mort aussi ignominieuse. Saïd ne comprend pas que nous puissions nous réjouir de ce que notre Sauveur est mort pour nos péchés.

Récolte des fourmis (voy. p. 48). — Dessin de A. de Bar, d'après la gravure de l'edition anglaise

25 *octobre* — On a trouvé dans le Coran un nouveau prétexte pour rester ici un jour de plus. J'ai été malade toute la semaine; il en est toujours ainsi quand je suis inactif : mal dans les os, mal à la tête, aucune force dans les reins; pas d'appétit et une soif dévorante : la fièvre, sans rien pour la combattre.

28 *octobre*. — Passé toute la journée au bord du Tchoma, cours d'eau boueux venant du nord et qui va au sud-ouest rejoindre la Tchiséra; il s'est ouvert un lit profond dans la fange de ses rives, a une largeur de dix-huit mètres, trois ou quatre pieds d'eau par endroits, et ailleurs n'est pas guéable. Le poisson, l'hippopotame et le crocodile y abondent.

1er *novembre*. — La marche a eu lieu entre deux rangées de collines beaucoup plus élevées que celles du territoire de Nsama, et couvertes d'arbres, quelques-uns en plein feuillage, d'autres commençant à déployer

Arrivée de la fiancée d'Hamis (voy. p. 35). — Dessin d'Emile Bayard, d'après le texte et la gravure de l'édition anglaise.

leurs feuilles nouvelles, qui sont d'une teinte rouge. Ce n'est pas un pays d'eau courante. Nous avons passé trois ruisseaux dont les eaux paresseuses nous ont monté jusqu'aux genoux. On voit des buffles en très-grand nombre; le ratel couvre leur bouse avec de la terre pour s'assurer des scarabées qu'elle renferme, empêchant de la sorte ces nettoyeurs d'en faire des boules, ainsi qu'ils en ont l'habitude.

Notre course s'est dirigée à l'ouest; elle a duré six heures et un quart.

2 *novembre*. — Nous avançons toujours dans la même direction et en suivant de belles vallées. Le vert est la couleur dominante, mais les massifs que les arbres composent sont de formes très-variées et rappellent la scénerie d'un parc anglais. Notre caravane — esclaves et porteurs au nombre de quatre cent cinquante — est divisée en trois groupes et anime le tableau. Chaque parti a son guide et sa bannière; quand celle-ci est plantée, toute la compagnie s'arrête jusqu'au moment où le drapeau se relève; la marche est alors reprise au son du tambour et d'une corne de coudou. Chacune de ces bandes a une douzaine de conducteurs, costumés d'une manière fantastique: plumes et perles sur la tête, drap rouge sur le corps, lanières et ornements de fourrure. Ils se mettent en ligne, le tambour bat, la trompette sonne rudement, et tout le monde est en marche. Cette musique paraît éveiller une sorte d'esprit de corps chez ceux qui ont été esclaves; au premier appel de ces instruments de leur enfance, mes serviteurs bondissent; c'est tout au plus s'ils me donnent le temps de m'habiller, et pendant toute la marche ils sont au premier rang.

La distance parcourue dépend entièrement de ce que peuvent faire les maîtres. S'il y avait des haltes fréquentes, douze ou quinze minutes, par exemple, toutes les heures ou toutes les deux heures, la fatigue serait peu de chose; mais cinq heures de chemin tout d'une traite, en pays chaud, c'est plus qu'un homme ne peut supporter. Les femmes soutiennent bravement la marche; elles ont toutes des fardeaux sur la tête, excepté la dame qui les commande et qui est l'épouse du chef; celle-ci est coiffée d'un beau châle blanc, brodé d'or et d'argent. Toutes ces commandantes ont une allure dégagée, le pas alerte et jamais ne faiblissent, même dans les plus longues étapes. De beaux anneaux de cuivre d'un poids considérable, portés au-dessus de la cheville, semblent n'avoir d'autre effet que de leur rendre la marche plus facile. Dès qu'elles arrivent, elles s'occupent de la cuisine et y font preuve d'une grande habileté, préparant pour leur maître des plats très-savoureux avec des fruits sauvages et d'autres objets que l'on ne croirait guère destinés à la table.

3 *novembre*. — Les collines reculent à mesure que nous avançons. Deux villages n'ont pas voulu nous recevoir; c'est au troisième que nous sommes campés. On est menteur dans ce pays-ci : tous les endroits dont nous nous sommes informés étaient voisins; « on y trouvait beaucoup d'ivoire, des provisions de toute sorte et à bon marché. » On ne pouvait arriver au Roua, par contre, qu'en un mois (en trois jours on pourrait y être); nos chefs, qui s'en rapportent à ces informations, renoncent à y aller maintenant.

Hamis a écrit; les nouvelles sont mauvaises : Mammboué et Tchitimmba sont morts; on se dispute l'héritage de celui-ci; et les Arabes ayant acheté tous les vivres, la famine se fait sentir. Par suite de ces nouvelles, Saïd et Tipo-Tipo, les chefs de notre caravane, ont résolu de ne passer dans le Bouiré que dix ou quinze jours, d'envoyer leurs agents pendant ce temps-là acheter de l'ivoire, et de se retirer. Les gens de Tipo et de Saïd allant chez Casemmbé, je me décide à aller avec eux, au lieu de me rendre à Oujiji.

Beaucoup d'habitants de cette localité — hommes et femmes — ont des goîtres. Je n'en vois pas la cause : le pays n'est qu'à mille et quelques mètres pieds au-dessus du niveau de la mer.

8 *novembre*. — Parti hier pour le Moéro. Les Arabes m'ont conduit assez loin; ils sont pour moi d'une grande bonté.

Nous nous sommes rapprochés des montagnes de Kakoma, que nous avons à notre gauche, et nous avons passé la nuit dans l'un des villages de Kapouta. La vallée qui se trouve entre la chaîne de Kakoma et une autre, que nous avons plus loin à notre droite, est couverte de villages; cent ou deux cents mètres, telle est la distance commune entre ces bourgades, qui, de même que dans le Lonnda, sont ombragées par d'énormes figuiers de l'espèce du ficus indica.

Pouta, le grand chef du pays, m'avait fait dire que si nous nous arrêtions dans un de ses villages, et si nous lui donnions de l'étoffe, il nous enverrait des guides et nous ferait passer la rivière en pirogue. Il pensait probablement que nous avions le projet de traverser le Loualaba pour aller dans le Roua. Je ne demandais pas mieux que d'accepter ses offres; mais les habitants n'ont pas voulu nous héberger, et nous sommes venus directement au lac.

Le Moéro paraît être de belle grandeur; il est flanqué de montagnes à l'est et à l'ouest. Son rivage est formé de sable grossier et gagne l'eau par une pente graduelle. En dehors de la rive, est une ceinture de végétation tropicale où sont bâties les huttes des pêcheurs. Le Roua est à l'ouest et apparaît sous la forme d'une chaîne de hautes montagnes de couleur sombre. A droite, la chaîne a moins d'élévation, mais elle est plus brisée.

Nous avons dormi dans une case située au nord du lac. On nous a apporté, pour nous le vendre, un *monndé*, grand poisson qui a la peau gluante et sans écailles, une large tête, des barbillons comme les siluroïdes, et de grands yeux. Ses gencives, très-développées, forment des espèces de brosses: des fanons de baleine en miniature. On dit que le monndé mange le fretin; il a sur le dos, probablement comme moyen de défense, une épine osseuse d'une longueur de deux pouces et demi et de la grosseur d'un tuyau de plume. Ce poisson a la vie très-dure.

La rive septentrionale du Moéro décrit une belle courbe, pareille à celle d'un arc détendu. C'est à l'extrémité occidentale de cette courbe que s'échappe le Loualaba, qui, avant d'entrer dans le Moéro, se nomme Louapoula, et qui, d'après les naturels les plus intelligents, serait le Chambèze avant son arrivée au lac Bemmba ou Bânngouéolo.

Nous avons longé la côte nord du Moéro jusqu'à la chaîne qui est au levant, et nous avons tourné au sud. A notre approche, les gens fermaient leurs portes; nous étions cependant peu nombreux : neuf seulement; il faut qu'ils aient de grands motifs de frayeur. Ici les gens sont des Babemmba.

Le Kalônngosi, que les Arabes et les Portugais appellent Karoungouési, a cinquante-cinq mètres de large; il coule rapidement sur un fond pierreux, et, même à cette époque où la saison des pluies n'a pas commencé, il est assez profond pour exiger des canots. Quand nous l'eûmes traversé, nous nous trouvâmes dans le Lonnda. Les pêcheurs nous ont nommé trente-neuf espèces de poissons qui vivent dans le lac et remontent le Kalônngosi pendant toute l'année, bien qu'irrégulièrement : plus dans une saison que dans l'autre.

Le 14, ne sachant quelle route prendre, j'envoyai demander des renseignements dans un village. Le chef, évidemment de l'école de l'ancien Casemmbé, vint à nous, plein de colère, et nous demanda de quel droit nous suivions ce chemin, quand le sentier battu se trouvait à notre gauche. Il ajouta quelques phrases pompeuses à la mode du Lonnda, mais ne nous enseigna pas la route.

Nous partîmes; et après avoir marché vers le sud pendant quatre heures et demie, dans une forêt de grands arbres, nous nous arrêtâmes au bord du Kifouroua, à un groupe de huttes construites par des coupeurs d'écorce pour étoffe.

Le 15, il y eut une grande pluie; la marche n'en fut pas moins continuée; elle avait lieu dans une forêt composée principalement d'arbres à copal et à étoffe. Pendant ou après la saison pluvieuse, le copal suinte en abondance, de petits trous d'un quart de pouce d'ouverture faits par un insecte. Il tombe, et, avec le temps, s'enfonce dans le sol, où il reste en dépôt pour les générations futures.

On voit souvent dans le pays les visages bien modelés des gens du territoire de Nsama. C'est réellement ici qu'est la patrie du nègre; et les traits qu'on y rencontre sont pareils à ceux que nous offrent les peintures de l'ancienne Égypte.

Nous nous reposâmes près du Kabousi, petite rivière languissante qui se jette dans le Tchoungou, à cinq cents pas du lieu où nous étions alors. Le Tchoungou est large, mais encombré d'arbres et de plantes aquatiques : sapotas, papyrus, eschinomènes.

C'est au bord du Tchoungou, par 9° 32′ de latitude méridionale, que mourut Lacerda, après dix jours de résidence.

Les élaïs sont communs à l'ouest de cette rivière; pas un seul ne se voit du côté du levant. L'huile que l'on extrait du fruit de ces palmiers est employée par les indigènes pour accommoder leurs mets; elle est fine et douce; j'en ai acheté une pinte pour une coudée de calicot. Il est remarquable de trouver l'élaïs à pareille altitude : plus de mille mètres au-dessus du niveau de la mer.

D'après le conseil d'un guide que nous avons pris à Kifourou, nous avons envoyé quatre brasses de cotonnade à Casemmbé pour l'avertir de notre venue; l'envoi des Arabes est ordinairement de dix brasses. Pour nous, l'avertissement n'était pas nécessaire; on dit qu'à partir de notre traversée du Kalônngosi, moment où nous sommes entrés dans le Lonnda, tous les détails de notre marche ont été communiqués au chef par des courriers spéciaux. J'attends au bord du Tchoungou l'arrivée du notable qui doit nous conduire à la ville.

Des hirondelles à tête d'un blanc pur (*psalidoprocne albiceps*) rasent la surface de l'eau.

Nous avons passé la rivière; le sol est très-fertile; je n'ai vu nulle part d'aussi grosses arachides, ni d'aussi beau manioc. Un beau jeune homme, fils du précédent Casemmbé, nous a fait une visite. Il n'est plus rien actuellement, sans quoi il nous aurait servi d'introducteur. Ici le pouvoir n'appartient pas à l'héritier du chef.

21 *novembre*. — A huit kilomètres du Tchoungou, nous avons franchi le Loundé, ruisseau de cinq à six mètres de large, et nous nous sommes trouvés dans une grande plaine couverte de buissons, les arbres ayant été abattus lors de l'érection du village.

Après la mort d'un Casemmbé, le successeur quitte invariablement la résidence du défunt, et va établir son *pemmboué*, c'est-à-dire sa cour, à un autre endroit. Quand mourut Lacerda, le Casemmbé d'alors porta sa demeure à l'extrémité septentrionale du Mofoué. Le nom de Casemmbé signifie général.

Du Loundé à la ville, la plaine est unie et parsemée de fourmilières rouges ayant de quinze à vingt pieds de haut. Casemmbé y a fait faire, pour arriver chez lui, une route de deux kilomètres et demi de longueur et aussi large que nos chemins carrossables. Un mur de roseaux de huit à neuf pieds d'élévation, entourant un espace de trois cents mètres carrés, enferme la résidence du chef. La porte de cette muraille est ornée de soixante crânes humains. Avant d'y arriver, on trouve sous un hangar construit au milieu de la route un canon habillé d'étoffes voyantes. Des gaillards à la voix retentissante, formant un corps nombreux, nous arrêtèrent pour nous faire payer tribut au canon. Je les écartai brusquement, les autres me suivirent, et je passai avec toute ma bande sans rien donner : les péagers eurent peur de l'Anglais.

La ville est bâtie sur la rive orientale du petit lac Mofoué, à quinze cents mètres de l'extrémité nord. Mohammed-ben-Séli vint à notre rencontre, et, pendant que ses hommes nous saluaient de leur poudre, il nous conduisit à son hangar de réception ; puis il nous donna une case, en attendant que nous en eussions fait construire une. Mohammed est un bel Arabe noir, avec une barbe d'un blanc pur, la démarche noble et le sourire aimable. Il y a plus de dix ans qu'il habite ces parages, où il a vécu sous quatre Casemmbés, et où il a une grande influence.

Ni chevaux, ni moutons, ni bêtes bovines ne prospèrent ici ; en fait de nourriture animale, les habitants en sont réduits au poisson et à la volaille. Le manioc est si généralement cultivé que l'on ne sait jamais si l'on est à la ville ou à la campagne : chaque demeure est entourée d'une plantation où l'on trouve de la cassave, du sorgho, du maïs, des fèves, des arachides.

Beaucoup d'habitants ont les oreilles et les mains coupées ; le chef actuel s'est souvent rendu coupable de cette barbarie. L'un de ces mutilés est justement devant nous ; il essaye d'exciter notre compassion par une sorte de gazouillement qu'il produit en se frappant les joues avec ses moignons.

Un nain, appelé Zofou, s'est également approché de moi. Il parle avec un air d'autorité et assiste à toutes les cérémonies publiques ; les habitants semblent très-bons pour lui. C'est un étranger : il appartient à une peuplade qui demeure dans le nord. Sa taille est d'un mètre quatorze centimètres. Il s'occupe de son jardin très-activement.

24 novembre. — Grande réception à la cour en notre honneur ; j'ai été présenté. Le Casemmbé actuel a une figure peu intéressante : ni barbe, ni favoris ; quelque chose du type chinois et des yeux louchant en dehors. Il ne lui est arrivé qu'une fois de sourire ; j'ai trouvé son sourire agréable, bien que les oreilles et les mains coupées, ainsi que les têtes qui ornent sa porte, m'aient peu disposé en sa faveur.

Coiffures de l'Ougouha et du Manyéma. — Gravure tirée de l'édition anglaise.

Quand il fut parti, sa principale épouse vint avec sa suite pour voir l'Anglais. C'est une femme ayant de beaux traits et une taille élevée ; sa main droite tenait deux lances. Les notables qui se trouvaient là s'écartèrent devant elle et m'invitèrent à la saluer, ce que je fis aussitôt ; mais comme elle était à une quarantaine de mètres, instinctivement je lui fis signe d'approcher. Mon geste renversa la gravité de son escorte, qui éclata de rire ; elle fit de même et prit la fuite avec tout son monde.

Le nain était présent, et ce sont ses bouffonneries qui ont fait sourire le maître. L'exécuteur des hautes œuvres, qui également était à la cour, s'approcha de moi. Il portait sur le bras un large sabre du pays, et, suspendu au cou, un singulier instrument, sorte de ciseaux dont il fait usage pour couper les oreilles. Je lui dis que c'était là une vilaine besogne ; il se mit à rire, et beaucoup de ceux qui

Tombeau dans la forêt (voy. p. 46). — Dessin de A. de Bar, d'après le texte et la gravure de l'édition anglaise.

nous entouraient l'imitèrent, qui n'étaient pas certains d'avoir encore leurs oreilles l'instant d'après : un grand nombre de gens d'une haute position montraient ce qu'ils avaient à craindre.

Casemmbé, qui nous avait déjà envoyé une énorme corbeille de poisson sec, nous en a fait remettre une seconde, avec deux paniers de farine, un de manioc et un pot de bière. Mohammed a trouvé le cadeau très-mesquin ; mais comme il y en a plus que nous ne pouvons en consommer, je n'ai pas à me plaindre.

1er *décembre.* — Le terrain sur lequel la ville est construite appartient à un vieillard du nom de Pérémébé et dont le frère possède toute la contrée qui est à l'est du Kalônngosi. Quiconque veut cultiver un coin de ces territoires est obligé de s'adresser à l'un ou à l'autre de ces chefs aborigènes. Perémébé est un homme de sens, toujours pour la droiture et la générosité. Mohammed pense qu'il a cent cinquante ans. C'est peut-être beaucoup dire ; mais lors du voyage de Lacerda, en 1798, ses enfants étaient déjà au nombre de quarante, et il ne peut guère avoir aujourd'hui moins de cent deux ans.

Une quantité de belles jeunes filles qui vivent sur les domaines du chef sont venues me faire une visite, « afin de pouvoir dire plus tard à leurs enfants qu'elles m'ont vu. »

28 *décembre.* — Le 15, j'ai annoncé à Casemmbé que j'allais partir. Je suis toujours malade quand je ne fais rien. Il y avait un mois que nous étions là, et je n'avais pu relever que deux observations lunaires. J'ai écrit mes lettres pour qu'elles soient prêtes lorsque j'arriverai à Oujiji.

Casemmbé avait renouvelé mes provisions : chèvre, poisson, farine et cassave. Il m'envoya de nouveau une énorme corbeille de poisson fumé, deux pots de bière et un panier de manioc, en me faisant dire que je pouvais partir quand je voudrais. J'allai prendre congé de lui ; il essaya d'être gracieux, disant que nous avions trop peu mangé de sa nourriture ; puis il m'envoya deux hommes pour nous conduire ; et le 22, nous campâmes au bord du Tchoungou.

Le 27, nous traversâmes le Manndapala, où nous eûmes de l'eau jusqu'à la ceinture. Il y a cinq ans, le pays était populeux ; mais les doigts et les oreilles coupés et la saisie des enfants, vendus pour les moindres fautes, ont mis les habitants en fuite.

31 *décembre.* — Arrivé au Kaboukoua, j'ai été malade. Des pluies abondantes nous ont forcé de retourner en arrière.

Je n'ai eu pour vivre, depuis quelque temps, que du sorgho mal broyé, et je me suis affaibli ; autrefois j'étais en tête de la caravane ; maintenant je suis l'un des derniers. Mohammed m'a fait présent d'une bouillie de farine bien moulue et d'une volaille ; le mieux s'est déjà fait sentir. Je mange pourtant mes grossiers aliments sans répugnance.

1er *janvier* 1868. — Je suis allé plusieurs fois au lac Moéro pour me faire une juste idée de son étendue. Dans les premiers vingt-quatre kilomètres vers le nord, sa largeur est de vingt à cinquante-trois kilomètres, même davantage. Le massif du Roua y confine. Lorsque le temps est clair, on voit une chaîne moins haute continuer à l'ouest et au sud-ouest le massif dominant, puis on n'a plus qu'un horizon de mer au couchant et au sud. Du point élevé où nous l'avons vu, le lac doit avoir, au minimum, un développement de soixante et quelques kilomètres, peut-être de cent ; la côte ne s'aperçoit qu'avec une forte lunette et dans les jours les plus purs. J'ai suivi le rivage ; l'humidité fait croître à profusion les gingembres, les fougères et toutes les plantes des forêts tropicales. Les buffles, les zèbres, les éléphants sont nombreux ; et les gens du village de Tchoukosi, où nous avons bivaqué, nous ont averti de prendre garde aux lions et aux léopards.

13 *janvier.* — Quittant le lac et allant au nord, nous sommes bientôt arrivés à une plaine inondée par le Louao : quatre heures de marche dans une boue noire et adhérente, et de plongeons dans des trous inévitables. Par endroits, cette fange sent horriblement mauvais. Un grand nombre de siluroïdes, surtout des *clarias capensis*, de trois pieds de longueur, parcourent les terres inondées du pays, mangent le fretin, et en outre les insectes, les lézards et les vers que l'eau a fait périr. Des barrages et des nasses sont installés par les habitants qui, lors du retrait des eaux, font une récolte abondante de ces siluroïdes, précieux complément de leur nourriture farineuse.

16 *janvier.* — Au village de Kabouabouata, où demeure le fils de Mohammed, les gens de ce dernier — Arabes et Vouanyamouézi — ont accueilli notre arrivée par une grande démonstration : les femmes avaient la figure barbouillée de terre de pipe, et jetaient vigoureusement leurs cris de joie.

Quand nous fûmes parmi les huttes, elles ramassèrent de la terre à poignées et se la répandirent sur la tête, pendant que les hommes déchargeaient leurs fusils coup sur coup, ne prenant que le temps de recharger. Ceux qui étaient parents de Mohammed vinrent lui baiser les mains ; et les coups de feu, les chants, les cris, les applaudissements, les acclamations nous assourdirent. Mohammed était profondément ému de ces transports et fut longtemps avant de pouvoir les calmer.

De ce village, nous dirigeant vers le sud, nous vîmes de grandes étendues plantées en arachides destinées à faire de l'huile ; une grande jarre de cette dernière s'échange contre une houe. L'arachide est en fleurs et le maïs vert prêt à être mangé.

Toute la population est dans les champs, à planter, à transplanter ou à sarcler. Les indigènes mettent le manioc sur des buttes préparées à cet effet, et où du maïs, du sorgho, des haricots et des citrouilles ont été semés. Ces produits mûrissent, et le manioc reste maître de la place. Quand le sorgho, que l'on a semé dru, a un pied de hauteur, il est transplanté dans une terre disposée pour le recevoir ; une portion des

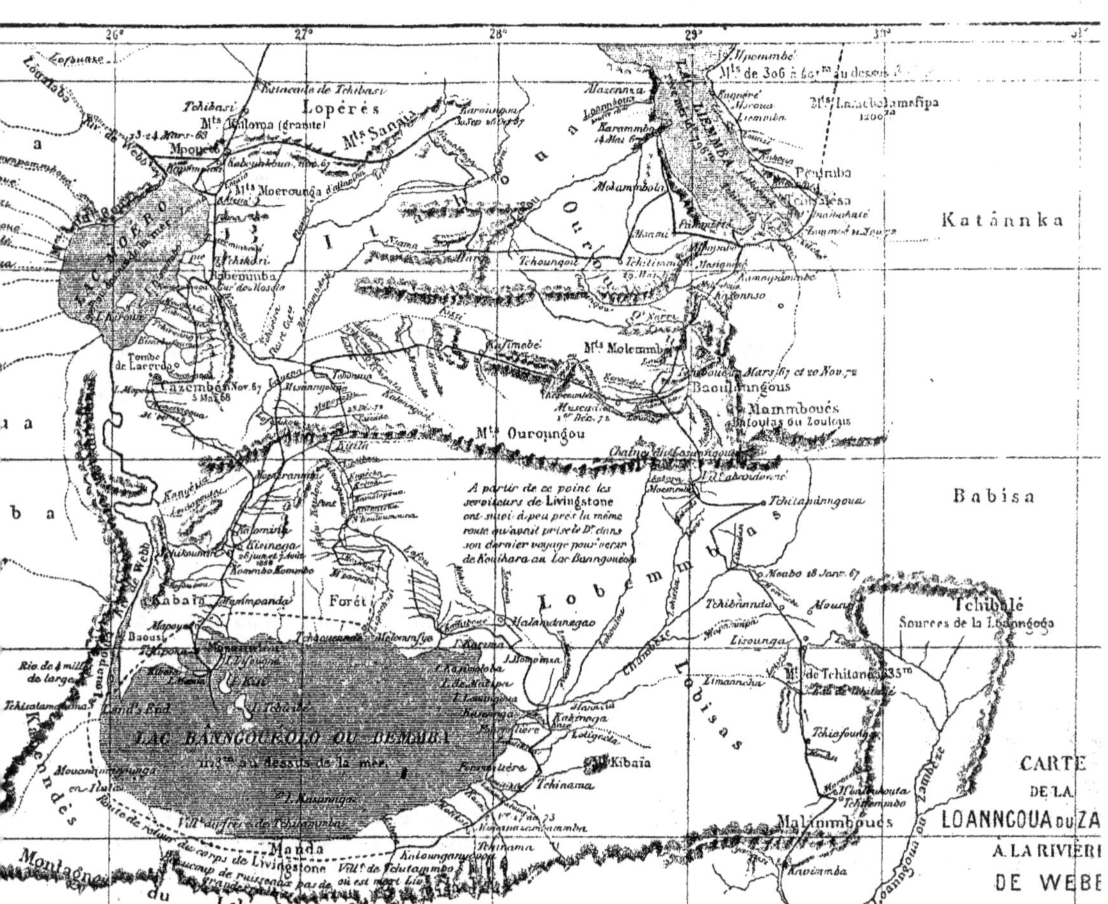

Gravé par Erhard

feuilles est coupée, afin de prévenir la trop grande exhalation qui ferait mourir la plante.

D'après les Vouanyamouézi, il y a treize jours de marche d'ici au Tanganika; — route marécageuse, beaucoup de ruisseaux à franchir, beaucoup de pluie à essuyer; et il sera, dit-on, difficile de se procurer des canots pour traverser le lac, dont maintenant les vagues sont très-fortes.

27 *janvier*. — Toujours malade quand je suis stationnaire.

21 *février*. — Il résulte des renseignements que j'ai recueillis sur les cavernes habitées du Roua, que ces demeures occupent une grande étendue. On les trouve au flanc des montagnes, sur une longueur de plus de trente kilomètres. A un endroit, un ruisseau coulerait dans cette ville souterraine. Parfois les habitations ont leurs portes au niveau du sol; ailleurs il faut des échelles pour y atteindre. On dit qu'intérieurement elles sont très-grandes et que ce n'est pas l'œuvre des hommes, mais celle de Dieu. Les habitants ont beaucoup de volailles, qui ont également leur abri dans ces demeures de troglodytes.

18 *mars*. — Une jeune femme très-belle est venue nous regarder; parfaite sous tous les rapports, presque entièrement nue, mais insouciante de l'indécence: une véritable Vénus en noir.

Le perroquet d'un gris clair et à queue rouge que l'on voit sur la côte occidentale est commun dans le Roua; les indigènes l'apprivoisent.

25 *mars*. — L'eau est, dit-on, profonde en face de nous; elle n'est pas guéable, et il n'y a pas de canots. Ce n'est pas avant deux mois que le passage sera libre. Je songe à me rendre au lac Bemmba; mais mon avoir s'épuise, et je crains d'être obligé d'abandonner ce projet, au moins quant à présent.

14 *avril*. — Hier, au moment de se mettre en route, mes gens ont refusé de marcher; c'est le fait de Mohammed Bogharib. Je suis parti avec cinq hommes seulement, laissant mes bagages derrière moi. Ce matin, Amoda est allé rejoindre les autres. Au fond du cœur, je ne les blâme pas trop de cette désertion : ils étaient las de marcher; je le suis également.

30 *avril*. — Le 18, nous suivîmes de nouveau la côte du Moéro, dont la direction est au sud-est. Le sable qui borde la nappe d'eau ajouta beaucoup aux fatigues de la veille; et, rencontrant un village abandonné, ce fut avec joie que nous en prîmes possession pour la journée du lendemain, qui était un dimanche.

Les eaux du lac sont au moins de six mètres plus hautes qu'elles ne l'étaient à notre première visite, et, sur différents points, le rivage montre qu'elles atteignent un niveau encore plus élevé.

Le 21, trouvant tout le pays inondé, nous avons pris à l'est, ce qui nous a fait gagner le village de Naïna-Kasanga, chef féminin qui a été d'une grande beauté et qui a une fille très-belle : probablement une nouvelle édition d'elle-même. Elle nous a fait asseoir à l'ombre épaisse du figuier qui couvre ses huttes. En nous voyant partir peu de temps après, elle nous a exprimé tout son chagrin de ce que nous la quittions sans avoir bu de sa bière.

29 *avril*. — Au bord du Mânndapala. Il s'y trouvait des riverains du Tchoungou; l'un d'eux, qui se disait parent de Casemmbé, s'écria en nous voyant : « L'Anglais une seconde fois! Le pays ravagé une seconde fois, une seconde fois! Repartez pour le Kalônngosi. »

Les habitants se montaient, l'affaire tournait mal. Je finis par leur persuader d'en référer à Casemmbé. Celui-ci est raisonnable et loyal; mais ceux qui l'entourent ne sont ni l'un ni l'autre, et ne cherchent que l'occasion de rançonner les étrangers, voire leurs compatriotes.

6 *mai*. — Casemmbé a répondu à notre requête de la façon la plus gracieuse, et nous revoilà chez lui. En arrivant, j'ai trouvé Mohammed creusant un puits pour éviter à ses esclaves d'être prises par les crocodiles en allant chercher de l'eau à la rivière; trois d'entre elles ont péri de cette façon depuis quelques jours.

24 *mai*. — Casemmbé met une longueur désespérante à nous envoyer le poisson, la farine et les guides dont nous avons besoin. Encore quatre jours de retard!

Le vieux Kapika a vendu sa jeune et jolie femme sous prétexte qu'elle ne lui était pas fidèle. Voir une femme de haut rang devenir esclave a révolté toutes les dames du pays; elles sont accourues pour s'assurer du fait; et, en acquérant la certitude qu'il en était ainsi, elles se sont frappé la bouche avec les deux mains, ce qui est leur manière d'exprimer la surprise et l'indignation. La vendue excite la plus vive sympathie. On lui apporte des aliments, des friandises; les filles de Kapika elles-mêmes lui ont donné de la bière et des bananes. Un homme a voulu la racheter au prix de deux esclaves, un autre en a offert trois; mais Casemmbé, qui est très-sévère pour le genre de faute imputé à la dame, a déclaré que dix esclaves ne la rachèteraient pas et qu'elle partirait. Il a probablement peur que la reine, en voyant céder la loi, ne perde la crainte salutaire qu'elle doit en éprouver.

Cette reine, la belle Moéri, s'occupe beaucoup de ses cultures de manioc, de patates, de sorgho, d'arachides, et va souvent à sa plantation. Ce matin elle a passé près de nous, allant faire construire une hutte dans son champ. Elle était portée, comme à l'ordinaire, par douze hommes, dans une espèce de palanquin, et précédée d'une quantité de serviteurs qui couraient devant elle en brandissant des sabres et des haches d'armes, coureurs précédés eux-mêmes d'une sorte de timbalier frappant sur un instrument creux, pour faire évacuer le passage.

La reine Moéri a la figure agréable et tout européenne, la peau fine et d'un brun clair, le rire joyeux; elle serait admirée partout. Deux énormes pipes étaient à côté d'elle, prêtes à être fumées. Je me suis arrêté pour la voir; quand elle a été près de moi, elle a fait tournoyer son ombrelle, puis s'est mise à rire en se rappelant notre première entrevue, et a montré qu'elle

Cortége de la femme de Casembé. — Dessin d'Émile Bayard, d'après le texte.

ne riait pas seulement des lèvres, mais aussi des yeux et des joues. *Yammbo?* m'a-t-elle dit (comment vous portez-vous?). *Yammbo sana*, ai-je répondu (cela va très-bien). Étant plus bas qu'elle, j'ai pu voir qu'elle avait un trou dans le cartilage nasal de la pointe de son nez, qui est légèrement aquilin, et les deux incisives médianes de la mâchoire supérieure limées de façon à laisser entre elles un espace triangulaire.

25 *juin*. — Parti enfin le 14 pour le lac Bemmba. Le 15, nous étions chez Moïnémepannda, frère de Casemmbé, qui me fit une réception publique dans le genre de celle de son frère, mais mieux ordonnée et plus brillante. Moïnémepannda est jeune et serait très-beau sans un défaut dans les yeux, qui sont louches et qu'il tient à demi fermés. Il vint à notre rencontre pour faire valoir le nombre des anneaux de cuivre et des rangs de perles qui lui décoraient les jambes. Ses épaules étaient rejetées en arrière, avec raideur : ce qui n'avait rien d'étonnant, car il traînait derrière lui une queue de dix mètres d'étoffe.

La cour était formée d'environ six cents hommes, tous bien armés. Des tambours carrés et des marimmbas (espèces de tympanons) composaient l'orchestre, et un barde y ajoutait ses chants : « J'ai vu Saïd (le sultan). J'ai vu Mirépoute (le roi de Portugal) ; j'ai vu la mer! »

Mais si la réception a été pompeuse, les libéralités se sont bornées à deux pots de bière, dont je ne bois jamais qu'en route, lorsque j'ai très-soif, et à la promesse d'un guide que nous n'avons pas eu. Casemmbé a grandi dans mon estime de tout ce qu'y a perdu son frère.

14 *juin*. — Six esclaves chantaient comme s'ils n'avaient pas senti leur abjection et le poids de la fourche qu'ils avaient au cou. Je leur ai demandé la cause de leur gaieté; ils m'ont répondu qu'ils se réjouissaient à l'idée de revenir après leur mort tourmenter et tuer ceux qui les ont vendus. « Vous m'avez envoyé à la côte, disait le chant; mais quand je serai mort, je n'aurai plus de joug, et je reviendrai vous hanter et vous tuer.... » Et tous reprenaient le refrain, qui était formé du nom de chaque vendeur. La femme de Kapika faisait partie de la bande; elle avait perdu son enjouement et sa grâce; et avec sa tête rasée et son air chagrin elle était laide; mais vis-à-vis de ses acheteurs elle montrait beaucoup de dignité, et ils paraissaient la craindre.

Nous avons trouvé dans la forêt un tombeau, un tertre au sommet arrondi, comme si le défunt y était assis à la manière des indigènes; le dessus en est jonché de fleurs, et une quantité de grosses perles y ont été déposées. C'est le genre de sépulture que je préférerais entre tous : reposer dans ces grands bois si calmes, où jamais personne ne troublerait mes os.

Dans nos cimetières, les tombes m'ont toujours paru misérables, surtout celles que l'on creuse dans l'argile humide et froide; puis elles sont trop pressées les unes contre les autres. Mais je n'ai pas autre chose à faire que d'attendre que Celui qui est au-dessus de tout décide où je dois me coucher et mourir. Ma pauvre Mary est à Choupanga.

18 *juillet*. — Arrivé hier au principal village de Mapouni, situé près la rive nord du Bangouéolo. Aujourd'hui, je suis allé au bord du lac, que j'ai vu pour la première fois, tout reconnaissant d'être parvenu jusque-là sain et sauf. Le pays est plat et déboisé; plates également, les quatre îles du lac sont populeuses. Beaucoup de pirogues; tous les hommes sont d'habiles pêcheurs, et, comme tous les pêcheurs, ils ont beaucoup d'enfants.

26 *juillet*. — Je serai resté au Bangouéolo plus longtemps que je n'avais pensé. Les bateliers, sachant qu'on ne peut rien faire sans eux, vous mettent à rançon. Mapouni, qui s'était contenté d'une brasse de calicot, en a fait demander une seconde. Ayant peu d'étoffe, j'ai envoyé un rang de perles et une houe; le chef a insisté pour avoir sa cotonnade; je la lui ai donnée, il l'a prise et a gardé la houe et les perles.

Le 22, le 23 et le 24, il a fait trop de vent, même pour aller à la pêche. Mais ayant donné beaucoup de grains de verre aux bateliers, plus une houe et des grains de verre à Masanntou, nous sommes partis hier à onze heures du matin, dans une pirogue de près de quatorze mètres de longueur.

La houle était forte, mais la pirogue était sèche : les vagues, ici, embarquent bien moins que celles du Nyassa. Cinq rameurs vigoureux nous faisaient nager rapidement vers une baie de l'île de Lifoungé, placée à notre sud-est. Les hommes s'y arrêtèrent pour prendre du bois, j'en profitai pour examiner l'île ; on y trouve une espèce de chacal et des empreintes d'hippopotames. Elle porte une herbe raide, quelques fleurs et un arbre de la famille des capparidées. Tous les arbres montrent que les vents qui prédominent soufflent du sud-est, car les branches de ce côté-là sont mortes ou tortues, pendant qu'au nord-ouest elles sont droites et bien développées. Les tiges sont courbées dans la même direction.

Au levant se voyait l'île de Kisi, à une distance d'environ vingt-quatre kilomètres. Celle de Mpabala, située à notre sud-est, ne laissait apparaître que la pointe de ses arbres. Au nord et au sud, entre Lifoungé et Mpabala, partout un horizon de mer. De grossiers roseaux indiquent les hauts-fonds qui se trouvent aux abords des îles. Une seule coquille a été vue sur le rivage. L'eau est d'un vert de mer foncé, produit sans doute par le reflet du sable fin et blanc qui constitue le fond du lac. Nulle part le bleu sombre du Nyassa : d'où je tire cette conclusion que la profondeur n'est pas considérable.

Il faisait nuit quand nous atteignîmes Mpabala ; le froid était pénible, en raison de l'humidité de l'air. On nous conduisit à un vaste hangar, lieu de réunion publique. Après y avoir fait notre bouillie et l'avoir mangée, nous nous couchâmes, mes gens autour du feu, moi dans un coin, où je fus bientôt endormi et rêvai que j'avais un appartement à l'hôtel Mivart. Au réveil, cela m'a beaucoup amusé, car je ne rêve jamais, à moins d'être malade; et, de tous les endroits du monde, l'hôtel Mivart est celui qui m'a toujours le moins occupé.

D'après le temps que mettent les pirogues pour aller à Kabenndé, je pense que la rive méridionale est près du douzième parallèle, et je crois être bien au-dessous de la vérité en donnant au Bânngouéolo deux cent quarante kilomètres de longueur sur cent trente de largeur.

Le Louapoula est d'abord, pendant une trentaine de kilomètres, un bras du lac; il n'a ensuite jamais moins de cent soixante à cent quatre vingts mètres d'un bord à l'autre.

7 août. — Mohammed veut se rendre dans le Manyéma; c'est là également que je dois aller pour voir le Loualaba et le Loufira; mais des bruits de guerre m'ont obligé d'attendre au moins des informations. Les Vouanyamouézi ont fait l'épreuve du coq pour savoir s'ils devaient m'accompagner, et les Arabes m'affirment qu'il serait très-imprudent de me diriger vers le Loualaba avec une bande aussi faible. Ils quitteront le pays tous ensemble, et je partirai avec eux.

1er *septembre.* — Mis en marche le 25 août. Le 28 nous avons traversé le Louonngo; le 1er octobre, le Lofoubou; et le 7, le Kalônngosi. Aujourd'hui nous sommes à Kabouabouata, où nous attendons Saïd. »

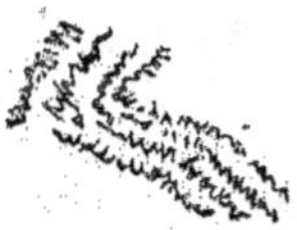

Lignes d'écume.

Fatigué d'attendre, Livingstone voulut partir le 17, puis le 19. Mohammed le pria de rester encore trois jours : il y consentit; mais, pendant ce temps-là, un agent de Mohammed, appelé Ben Djouma, saisit deux femmes et deux jeunes filles pour remplacer quatre esclaves qui avaient pris la fuite. Le chef du village envoya une flèche aux ravisseurs; Ben Djouma tua une femme d'un coup de fusil; tout le pays fut soulevé, et les Arabes furent assaillis de trois côtés à la fois. « Sans les Vouanyamouézi, dit Livingstone, nous aurions été battus. » Le 4 décembre, des éclaireurs envoyés vers le nord furent reçus à coups de flèche par les Babommba, et revinrent avec un blessé; il en fut de même à l'est et à l'ouest. Ce ne fut que le 11 que le départ eut lieu pour le Tanganika.

L'année 1869 s'ouvrit douloureusement. « J'ai été mouillé bien des fois, écrit Livingstone le 1er janvier, mais aujourd'hui c'était trop; je suis fort malade; l'eau était froide et montait jusqu'à la ceinture. » Le 3 janvier, il avait la fièvre; le 7, une pneumonie déclarée. « Je ne peux plus marcher, écrit-il, je tousse nuit et jour et crache le sang; ma faiblesse est désespérante. Je me vois mourant avant de gagner Oujiji, et toutes les lettres que j'attends devenues inutiles. » Mohammed le fit porter sur une kitinda, sorte de couchette. Il était alors dans le Maroungou.

« Seize jours de maladie, écrivait-il le 23. Un pays très-accidenté; des éminences sous toutes les formes; un sol rouge, et peu d'arbres. Montées et descentes perpétuelles; le voyage est pénible : la tête en bas, les pieds en haut; puis la tête en l'air, et d'affreuses secousses. Le soleil est vertical et fait des cloches à la peau dans tous les endroits où elle est nue. J'essaye de me couvrir la tête et le visage avec un bouquet de feuilles; mais dans ma faiblesse c'est une horrible fatigue. »

Enfin, le 14 février, la caravane atteignait le lac; elle s'embarquait le 26, et le 14 mars elle arrivait à Oujiji, où Livingstone croyait trouver la cargaison qu'on lui avait expédiée de Zanzibar; mais les médicaments, les objets d'échange, le vin, les conserves, les lettres — tout ce qu'il attendait était resté dans l'Ounyanyembé; et le chemin était fermé par la guerre.

Le 17 mai, il allait mieux; à la fin du mois, il songeait à repartir. Il écrit le 1er juin : « Mes forces reviennent et je voudrais descendre le Tanganika. L'écume verte qui, dans ces contrées, se voit sur les eaux dormantes est d'origine végétale. Quand les lagunes sont grossies par les pluies, cette écume est entraînée dans le lac; elle y est poussée, par le courant, du sud au nord, y forme de grandes lignes courbes, alternant d'un côté à l'autre, et toujours nord-nord-ouest ou nord-nord-est. »

Pour Livingstone, le courant manifesté par ce transport de l'écume prouvait l'existence d'un déversoir et augmentait le désir qu'il avait d'explorer le lac; mais cette exploration devenant impossible par les exigences des bateliers, il gagna la côte occidentale et aborda le 4 août dans l'Ougouha, d'où il se dirigea, en compagnie de plusieurs Arabes, vers le Manyéma, pays alors inconnu. La date de son entrée dans ce pays n'est pas indiquée d'une manière précise; nous trouvons seulement dans la note du 25 août : « Ici, les flèches des Manyémas sont très-petites, mais empoisonnées. »

Le 10 septembre, marche au nord et au nord-ouest; le nombre des habitants est prodigieux. Le 16, « nous rencontrons, dit le voyageur, les premiers élaïs que nous ayons vus depuis notre départ du Tanganika; évidemment, ils ont été plantés dans les villages.

Le perroquet d'un gris clair, à queue rouge, devient commun; on l'appelle *kouss* et il donne son nom au chef, qui s'appelle *Moïnékouss*, littéralement : seigneur du perroquet. Montées et descentes perpétuelles.

20 *septembre.* — Gravi une chaîne de hautes montagnes, dont la roche est un granit d'un gris clair. De profonds défilés remplis de grands arbres et renfermant des eaux vives déchirent les sommets.

Beaucoup de villages sur les pentes que nous suivons. L'un d'eux a été détruit et montre la dureté des murailles faites en argile. Les maisons sont carrées; on y trouve de grandes provisions de bois de chauffage placées sur des tablettes, et, dans la chambre, un lit élevé sur une plate-forme.

La forêt est une masse compacte : excepté au sud-ouest, on ne voit pas un coin de terre. Le fond de la grande vallée que nous côtoyons est à six cents mètres au moins au-dessous de nous.

Des rangées de montagnes ayant des villages à leur base s'élèvent à perte de vue. A notre droite, une gorge profonde et des montagnes beaucoup plus hautes que celle dont nous suivons la crête. Les chemins sont très-habilement placés au sommet des chaînes; tous les ravins sont évités.

22 *septembre*. — Moïnékouss est mort tout récemment. Il a laissé deux fils : c'est le plus jeune, appelé Moïnemmgoï, qui lui succède; son principal village est à 2° 20′ à l'ouest du Tanganîka. Notre arrivée inquiétait les deux frères; Mohammed a fait avec eux l'échange du sang : « Nos hommes ne vous voleront pas; nous ne volons jamais, lui a dit Moïnemmbeg, l'aîné des deux frères, et il a dit la vérité. — Prenez le voleur et amenez-le-moi, a répondu Mohammed; celui qui vole est un porc. » C'est de notre côté que le vol a été commis; ils avaient raison de nous craindre.

18 *octobre*. — Au moment de partir, Hassani, l'un des agents de Dagâmmbé, a pris dix chèvres et fait dix

Passage de la Tchiséra. — Dessin d'Émile Bayard, d'après le texte.

esclaves, bien que dans le village on ait été plein de bonté à son égard. Pour se venger, les indigènes lui ont tué quatre hommes.

Quand un essaim d'émigrants ailés sort de la demeure des termites, un grand baldaquin est dressé comme une ombrelle au-dessus de la fourmilière. Aussitôt que, dans leur vol, les fourmis se heurtent contre cette toiture, elles tombent, et leurs ailes se détachent. Étourdies, les bestioles sont balayées et recueillies dans des corbeilles pour servir de comestible; frites, elles constituent un mets fort agréable.

21 *septembre*. — Franchi cinq ou six ruisseaux et traversé autant de villages, quelques-uns brûlés ou abandonnés. Dans les autres, beaucoup d'indigènes sont accourus pour nous voir.

Je me suis fait bâtir une maison; celles du pays ne sont pas assez hautes d'étage et ont la porte trop basse. Ce sont les hommes qui les construisent; les femmes les approvisionnent de combustible et d'eau.

Pour extrait et traduction : Henriette Loreau.

(*La suite à la prochaine livraison.*)

Chasse aux sokos (voy. p. 55). — Dessin d'Émile Bayard, d'après le texte.

LE DERNIER JOURNAL DE LIVINGSTONE.

1866-1873. — TRADUCTION INÉDITE[1].

1er *novembre* 1869. — M'étant reposé, je résolus de me rendre au Loualaba et d'acheter un canot pour explorer la rivière.

Notre marche se fit d'abord au couchant, puis au sud-ouest, dans un pays d'une grande beauté : des montagnes, et des villages sur les pentes, villages dont l'emplacement a été choisi de la sorte pour que l'eau n'y séjourne pas. Les rues se dirigent souvent de l'est à l'ouest, afin que le soleil les sèche promptement; elles sont presque toujours alignées et ont à chaque bout une maison destinée aux réunions publiques, et bâtie en face du milieu de la chaussée. Les toitures sont basses, mais très-bonnes : couvertes avec des feuilles qui ressemblent à celles du bananier, seulement plus résistantes, et qui, d'après le fruit de l'arbre qui les porte, semblent appartenir à une espèce d'euphorbe.

Dans les maisons, il y a propreté et confort. Avant l'arrivée des Arabes, les punaises y étaient inconnues. On peut voir, par l'absence ou la présence de cette vermine, si un pays a eu la visite de ces gens-là.

Où prédominent les pluies du sud-est, le derrière de la maison est tourné de ce côté, et la toiture descend assez bas pour que la pluie n'atteigne pas la muraille. Ces demeures d'argile restent debout fort longtemps ; il arrive souvent que des hommes reviennent au village qu'ils ont quitté dans leur enfance, et réparent le mur qui s'est endommagé.

On trouve dans chaque maison vingt-cinq à trente pots de terre suspendus à la voûte au moyen d'échelettes en corde, d'une fabrication très-soignée ; il s'y ajoute souvent un nombre égal de paniers, suspendus de la même manière, et beaucoup de bois de chauffage.

3 *novembre*. — Traversé le Louila cinq fois, et

1. Suite. — Voy. pages 1, 17 et 33.

dans une forêt où l'eau ruisselait de toutes les feuilles. Les hommes de chaque village refusaient de nous accompagner jusqu'aux bourgades suivantes; ils étaient en guerre, disaient-ils, et avaient peur d'être mangés.

Tout le pays des Manyémas est admirable. Des palmiers couvrent les plus hauts sommets des montagnes où leurs frondes aux courbes gracieuses, agitées par le vent, ondulent avec une beauté souveraine. Les bois, ordinairement larges de huit ou dix kilomètres, qui séparent les groupes de villages sont d'une richesse indescriptible. Des lianes sans nombre, de la grosseur d'un câble, y suspendent leur réseau à des arbres gigantesques. Partout des fruits inconnus, des oiseaux étranges et des singes.

Le sol est d'une extrême fécondité, et les habitants, bien que divisés par d'anciennes querelles, cultivent largement la terre. Ils ont obtenu par sélection une variété de maïs dont l'épi a un pédoncule recourbé comme une faucille. Pendant la formation du grain, l'arc de la tige est tourné de manière que l'enveloppe retombe sur l'épi et le recouvre. On fait de grandes haies, de quelque cinq mètres de hauteur à travers ces champs en y plantant des perches qui reprennent racine, émettent des rejets comme celles de Robinson, et jamais ne dépérissent. On tend des sarments de lianes d'une perche à l'autre; et, après la cueillette, les épis de maïs s'accrochent à ces cordons par leur tigelle arquée. Ce grenier vertical forme autour du village un véritable mur; les habitants, qui ne sont pas avares, y puisent largement pour donner aux étrangers.

Les femmes sont très-nues; elles viennent sous l'averse nous apporter des provisions, et mettent beaucoup d'ardeur à les échanger contre des perles. La banane, la cassave et le maïs constituent le fond de la nourriture des indigènes.

Les pluies ont commencé; pour les fourmis blanches, c'est le moment d'essaimer et de fonder de nouvelles colonies.

8 *novembre*. — Traversé depuis trois jours beaucoup de grands villages, où nous avons été diversement accueillis. Un chef m'a offert un perroquet; sur mon refus de l'accepter, il en a fait présent à l'un de mes hommes. En quelques endroits on nous a ordonné de partir; mais avec de bonnes paroles nous avons obtenu de rester.

Ces gens-là n'ont aucune réserve; ils poussent la porte de ma hutte avec un bâton, et se plantent devant moi comme devant une bête curieuse. Je ne demande pas mieux que de satisfaire l'envie qu'ils ont de me voir; mais devenir la proie des regards insatiables de la laideur, aussi bien que de la beauté, est chose fatigante. Je supporte les femmes; mais les vilains mâles sont peu intéressants; et être suivi par la foule quand je suis dehors c'est tout ce que je peux souffrir.

Ils ont entendu parler des actes d'Hassani et suspectent nos intentions. « Si vous avez de la nourriture chez vous, disent-ils, pourquoi venir d'aussi loin dépenser vos perles pour en acheter ici? » Les gens de Mohammed leur répondent : « Nous avons besoin d'ivoire; » mais ne connaissant pas la valeur de cette matière, ils supposent que ce n'est qu'un prétexte pour venir les piller.

Vu un homme qui avait deux gros orteils; le surnuméraire était petit.

15 *novembre*. — On nous avait dit que les Manyémas étaient avides d'esclaves; mais ils ne recherchent que les femmes, et c'est pour les épouser; quant aux hommes, ils leur préfèrent les chèvres.

Le pays regorge de villages. Hassani, l'agent de Dagâmmbé, a poussé le chef à contracter des dettes, et lui a ensuite volé dix hommes et dix chèvres pour se payer de la créance. Les Hollandais agissaient de même dans le midi de l'Afrique.

25 *novembre*. — Ici, le Louamo est une rivière profonde d'une largeur de près de deux cents mètres. Nous ne sommes plus qu'à seize kilomètres de l'endroit où il débouche dans le Loualaba; mais tout le district a été pillé par les gens de Dagâmmbé, qui ont même tué plusieurs personnes; on nous refuse le passage. Les femmes surtout sont exaspérées; elles ne veulent pas faire de différence entre nous et les autres. Comme je priais l'une d'entre elles de voir si ma couleur était celle de Dagâmmbé, elle me répondit avec un petit rire amer : « Ce n'est pas votre frère, c'est votre fils. »

20 *décembre*. — Où la forêt vierge a été défrichée, une herbe gigantesque usurpe l'éclaircie. Aucune essence forestière ne résiste à l'incendie annuel, excepté le bauhinia, et par hasard quelque gros arbre qui produit de nouveaux rejets et refait du bois à la place brûlée.

Les perroquets font leurs nids; pour les dénicher, les hommes se fabriquent des échelles de près de cinquante mètres de hauteur avec des lianes qu'ils nouent autour de l'arbre, de quatre pieds en quatre pieds. Près de l'embouchure du Louamo, les habitants, afin d'échapper aux flèches de leurs ennemis, se construisent des huttes sur le même arbre que celui où nichent les perroquets.

28 *décembre*. — Un indigène a passé près de nous, portant une feuille dans laquelle était enveloppé un doigt; c'était le doigt d'un homme tué par vengeance, et il devait servir de talisman. Les Arabes ont vu dans ce fait une preuve de cannibalisme; j'hésite néanmoins à croire les Manyémas anthropophages.

3 *janvier* 1870. — Dans un hameau où nous avons demandé notre chemin se trouvait un couple nouvellement uni. Ils se tenaient enlacés très-tendrement, et personne ne plaisantait.

4 *janvier*. — Passé chez des gens polis, mais comme des enfants bruyants et curieux — tous parlant et regardant. Quand il se voit entouré de trois ou quatre cents individus, dont il est le point de mire, celui qui n'est pas habitué aux manières des sauvages

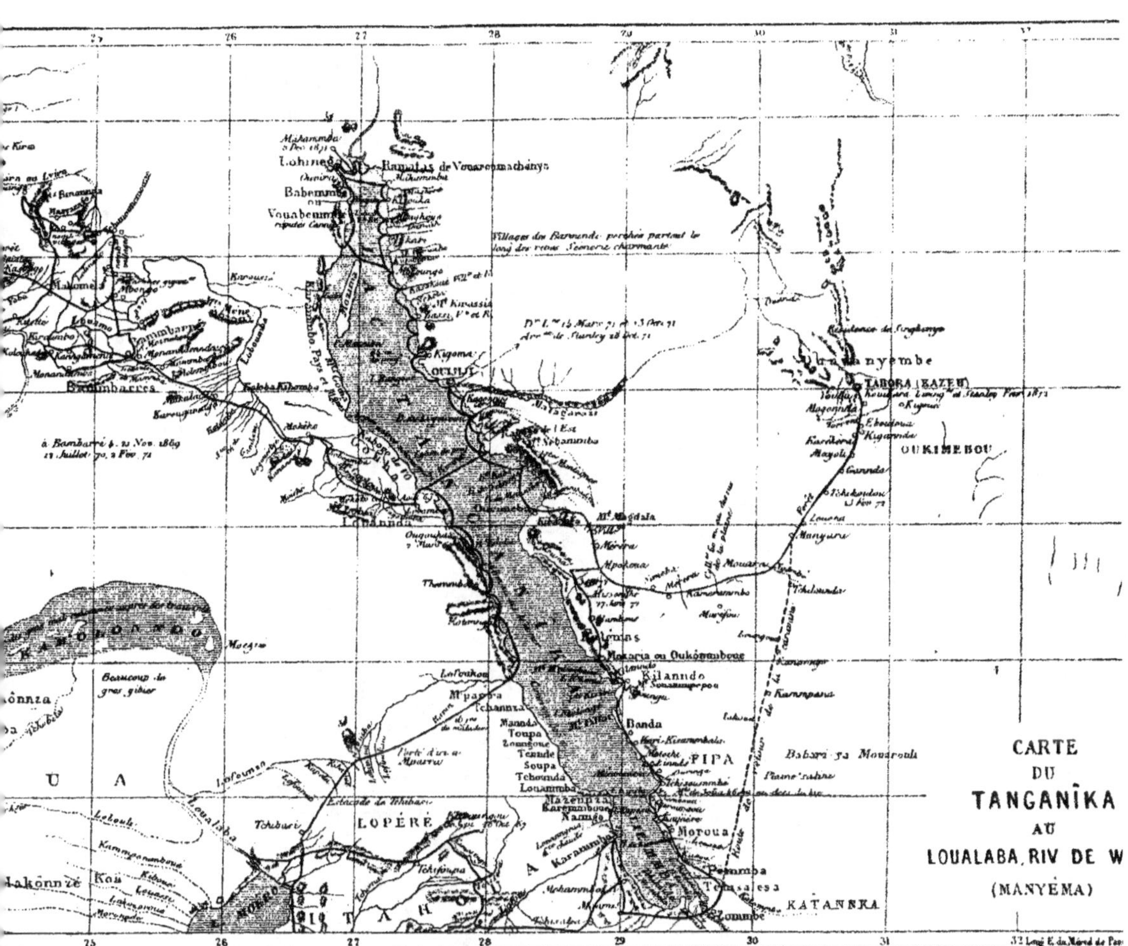
CARTE
DU
TANGANÎKA
AU
LOUALABA, RIV DE W
(MANYÉMA)
Gravé par Erhard
Tabora (Kazeh)
Oukimbou
Fipa
Lopéré
Katannka
Kilanndo
Banda
Kigoma
Louanmba
Pemmba
Moroua

s'imagine qu'une attaque est imminente; mais, pauvres gens! ils n'y pensent jamais les premiers : c'est nous qui commençons.

14 *janvier*. — Un palmier, le *mouabé* des indigènes, s'est emparé d'une grande vallée; en tombant, les pétioles de ses frondes, pétioles de la grosseur du bras et de six mètres de longueur, ont fermé tout passage, excepté à un endroit où les éléphants et les buffles se sont ouvert un chemin. Dans ces pistes, chaque pas d'éléphant a creusé des fosses où l'on entre jusqu'au-dessus du genou. Trois heures de ce bourbier fatiguent les plus robustes.

La maladie et la faiblesse gagnent tout le monde; nous sommes trop souvent mouillés.

30 *janvier*. — Le pays est encombré de jungles et d'herbes impénétrables. Il n'y a que l'éléphant qui puisse traverser de pareils fourrés, dont il fait son quartier général. Des roseaux vous entravent; les tiges d'herbe ont jusqu'à un pouce et demi de diamètre, et les feuilles de ces tiges vous écorchent le visage. On ne voit rien dans ces grandes herbes; mais les collines sont toujours charmantes; et lorsqu'on arrive au flanc d'une vallée ou bien à des ruisseaux, qui dans le pays servent de chemin, on a une jolie vue.

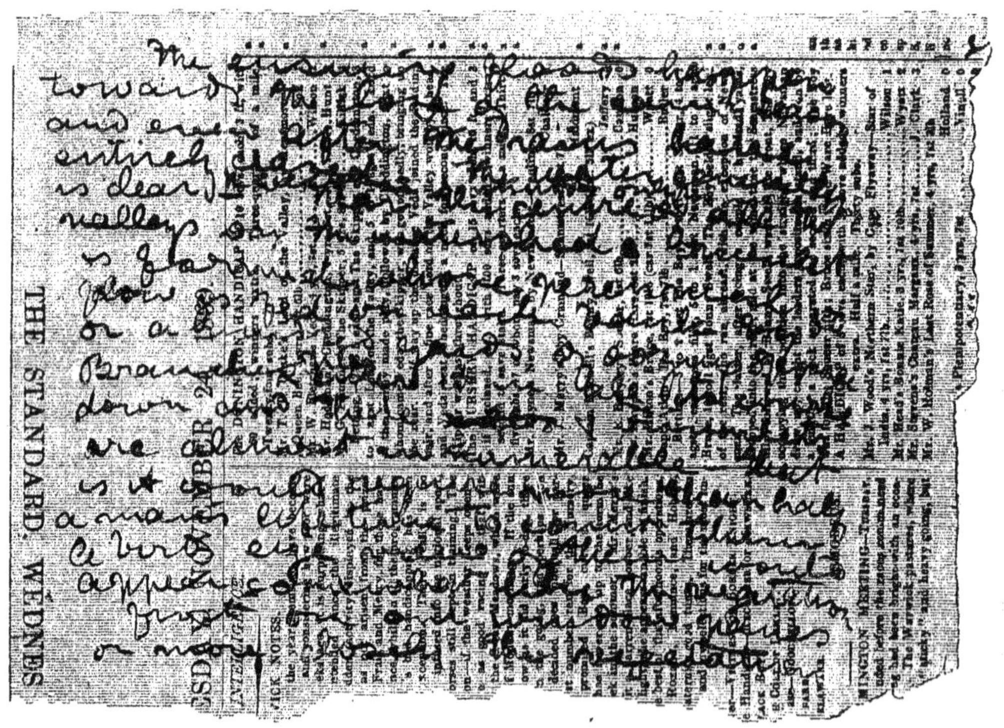

Fac-simile d'un fragment du journal de Livingstone. — Planche tirée de l'édition anglaise.

Impossible d'apprendre où se trouve le Loualaba.

3 *février*. — Pris par une averse et n'en pouvant plus, je m'assis sous mon parapluie. Près de moi, une petite rainette, d'un demi-pouce de long, sauta sur la feuille d'une herbe, où elle se mit à chanter d'une voix très-douce et non moins sonore que celle de beaucoup d'oiseaux. Il était surprenant d'entendre une si grande musique d'un si petit musicien.

Je bus un peu d'eau de pluie, qui dans les sentiers vous arrive au mollet; puis je traversai un bourbier de près de cent mètres, en suivant le canal du milieu, plein de trous d'éléphant, et où j'avais de l'eau jusqu'à la ceinture. Souvent l'herbe des rives se rejoignait, toute ruisselante, et me mouillait la tête. Au village, j'ai tordu mes habits; cette nuit, avec du feu, ils ont presque séché. Je me suis frotté les jambes avec de l'huile de palme, et j'ai fait un délicieux déjeuner d'une bouillie et d'une tasse de petit-lait de chèvre.

13 *février*. — Le 5, j'étais à sept jours de marche au sud de Mahoméla, et tout à fait épuisé : ces mouillades perpétuelles m'éprouvent cruellement. Le 7, j'arrivais au camp de Moïnémokaïa, où j'ai pris mes quartiers d'hiver.

Moïnémokaïa, ainsi qu'on appelle Katommba, était seul et a été pour moi d'une extrême bonté. Le repos, un gîte, la précaution de ne boire que de l'eau

Prise dangereuse (voy. p. 59). — Dessin d'Emile Bayard, d'après le texte.

qui a bouilli, et par-dessus tout le nyoummbo, nouvelle espèce de pomme de terre renommée comme très-restaurante, me rétablissent promptement.

1er *mars.* — Visité les Arabes pour la première fois. Leur camp est dans le pays de Kassessa, entre deux forts ruisseaux. L'eau et le bois y abondent, ainsi que les provisions : quarante paniers de maïs pour une chèvre; la volaille, les nyoummbos et les bananes cédées à très-bas prix.

Les bracelets de fer, la verroterie de qualité inférieure et les cauris sont ici la monnaie courante. Le cuivre est plus précieux; pour un bracelet de ce métal, on a trois gros poulets et trois paniers et demi de maïs; chaque panier a trois pieds de haut : c'est la charge d'une femme, et ici les femmes sont très-fortes.

D'après les indigènes, un poisson, qu'ils appellent mammba, a des mamelles qui donnent du lait; c'est probablement un dugong. Des sangsues complétement développées se promènent dans cette contrée humide.

24 *mai.* — Les gens de Thani arrivent du sud ; ils ont tué quarante Manyémas, perdu quatre des leurs et brûlé neuf villages : tout cela pour un rang de perles qu'un indigène a essayé de voler.

26 *mai.* — Les pluies ont duré jusqu'à ces derniers jours; il est tombé près d'un mètre cinquante centimètres d'eau.

Tous mes gens m'ont quitté; il ne me reste plus que Souzi, Chouma et Gardner. Je suis parti avec eux seuls pour le Loualaba; notre marche est au nord-ouest. Le nombre des petits cours d'eau est surprenant; nous en avons franchi quatorze en un jour; dans quelques-uns l'eau montait à la cuisse. La plupart de ces ruisseaux vont se jeter dans le Laïya, que nous avons également passé, et qui est un affluent du Loualaba.

Beaucoup de villages : tous les chemins traversent des groupes d'habitations. Une grande quantité de gens nous apportent des bananes et semblent étonnés quand je leur donne quelque chose en échange. Un homme a couru après moi pour m'offrir une canne à sucre; je lui ai fait un léger cadeau. Je paye aussi mon logement, ce que ne font jamais les Arabes.

Juillet 1870. — Traversé les neuf villages qui ont été brûlés pour un rang de perles; nous avons couché dans celui de Malola. Pendant que je dormais, l'un des Arabes qui sont campés dans les environs a été cloué au sol par une lance. Nul doute que ce ne soit la vengeance de quelque parent de l'un des hommes tués pour ledit rang de perles. D'après les Arabes, c'est un meurtre sans motif.

J'apprends que le Loualaba ne coule pas au nord-ouest, mais au sud-sud-ouest. Pour la première fois de ma vie les pieds me font défaut; et n'ayant plus que trois serviteurs, il n'aurait pas été sage d'aller plus loin dans cette direction.

Au lieu de guérir promptement, comme toujours, les écorchures de mes pieds se sont changées en ulcères tenaces, qui rongent de plus en plus; j'ai repris en boitant la route de Bammbarré.

24 *juillet.* — Arrivé depuis deux jours. Quand je pose le pied par terre, un flot de sérosité sanguinolente s'échappe de mes plaies. L'écoulement se renouvelle pendant la nuit et s'accompagne de douleurs qui éloignent tout sommeil. On entend gémir jusqu'au matin les esclaves que ces maux torturent. Ces ulcères rongent tout : les muscles, les tendons, les os, et mutilent les malheureux quand ils ne les tuent pas. Le traitement des Arabes, pas plus que celui des indigènes, n'a d'efficacité. J'ai trois de ces ulcères, et pas de médicaments; ils continuent à s'élargir, et la douleur augmente avec l'étendue des plaies.

2 *août.* — Éclipse de lune à minuit. Les musulmans ont invoqué Moïse avec de grandes clameurs.

Il fait très-froid.

17 *août.* — On dit que le frère de Moïnékouss, un nommé Kânndara, a tué trois femmes et un enfant, plus un homme d'un autre pays, sans autre but que de les manger. Moïnékouss a également servi de pâture. Son crâne est, dit-on, conservé dans un pot resté dans la demeure du défunt; on ajoute que les affaires publiques sont gravement communiquées à cette tête, comme si la pensée y résidait encore. Dans le Métammba, contrée riveraine du Loualaba, les querelles de ménage ont souvent pour conclusion le meurtre de la femme par le mari, qui mange le cœur de la défunte, mêlé à une fricassée de viande de chèvre; mais ceci a un caractère magique. Ailleurs les doigts sont pris comme talismans; dans le Bammbarré seul, un goût dépravé est la cause du cannibalisme.

18 *août.* — J'apprends par Yosoute et par Moïnépenndé, qui ont dépassé Katannga, qu'il se trouve un grand lac appelé Tchibonngo, à douze journées de marche des mines de cuivre, du côté du nord-nord-ouest. A sept jours à l'ouest de Katannga, passe un autre Loualaba, grande rivière qui sépare le Roua du Londa, et qui est un affluent du Tchibonngo, ainsi que le Lofira. Ces deux rivières prennent naissance à trois ou quatre journées de marche de Katannga, vers le sud. A seize kilomètres seulement de ces deux sources, on en rencontre deux autres, nommées Louammbaï et Louannga. Un monticule s'élève entre ces quatre fontaines. Il est possible que ces quatre sources aient donné lieu au récit qu'Hérodote a recueilli de la bouche du trésorier de Minerve, dans la ville de Saïs.

La ligne du partage des eaux se déploie, d'occident en orient, du vingtième ou vingt et unième degré au trente-deuxième ou trente-troisième degré de longitude est. Différentes parties de cette ligne sont composées d'énormes éponges; ailleurs, d'innombrables filets d'eau se réunissent et forment des ruisseaux qui constituent des rivières. La Loufira, par exemple, et le Lékâloué sont chacun le résultat de neuf ruisseaux. La surface convexe d'une pomme d'arrosoir, avec les filets d'eau qui s'en échappent à diverses hauteurs, peut donner quelque idée de cette ligne de faîte.

24 *août*. — On a tué hier quatre gorilles[1], sokos des indigènes. Le feu, mis à l'herbe sèche sur une grande étendue, les avait chassés de leur retraite habituelle et fait venir dans la plaine, où ils ont été tués à coups de lance.

Le soko marche souvent debout; mais alors il se met les bras sur la tête comme pour faire équilibre. Vu dans cette position, c'est un animal très-gauche. D'autres bêtes sont gracieuses et font plaisir à voir; les indigènes sont bien faits, souples et agiles; mais un soko adulte poserait parfaitement pour le diable. Le jaune clair de sa figure fait ressortir ses affreux favoris et ses quelques poils de barbe. Son front est vilainement bas, flanqué d'oreilles placées très-haut, et surmonte un visage qui est fort éloigné de valoir le grand museau du chien. Les dents sont légèrement humaines; mais les canines montrent la bête par leur énormité. Les mains, ou plutôt les doigts sont pareils à ceux des indigènes. La chair des pieds est jaune; les Manyémas prétendent qu'elle est délicieuse; et l'avidité avec laquelle ils la dévorent fait supposer que c'est en mangeant du soko qu'ils sont arrivés au cannibalisme.

On représente ce grand singe comme très-intelligent; il traque les naturels avec succès pendant que ceux-ci travaillent, et vole les enfants, qu'il emporte à la cime des arbres; mais souvent il se laisse séduire par un bouquet de bananes; si on lui en présente un, il descend, et lâche le négrillon pour ramasser les fruits.

L'un des hommes qui étaient à la chasse manque un soko; celui-ci prend la lance, la broie, se jette sur le chasseur, lui coupe le bout des doigts avec ses dents, et s'échappe sain et sauf.

Il est tellement avisé, et a la vue si perçante, qu'il est impossible de l'approcher par devant; mais ce n'est pas une bête formidable, car il est rare qu'il fasse usage de ses longues canines.

Des quantités de sokos venaient à moins de cent mètres du camp, et l'on ne se serait pas douté de leur présence s'ils n'avaient donné de la voix comme des chiens courants : ce qui, chez eux, est ce qu'il y a de plus voisin du discours. A l'occasion le soko triomphe du léopard en lui saisissant les pattes antérieures, et en les lui mordant de manière à le mutiler. Il grimpe alors sur un arbre, où il gémit de ses blessures qui guérissent, tandis que son adversaire ne tarde pas à mourir des siennes. D'autres fois ils meurent tous les deux. Le lion le tue sur-le-champ, et quelquefois le déchire, mais ne le mange pas.

Un très-grand soko a été vu se nettoyant les ongles; un autre, qu'on a tué, avait les oreilles percées comme les oreilles d'un homme : ce qui a confirmé les Manyémas dans cette idée que leurs morts reviennent sur terre sous forme de sokos. Ces derniers se réunissent et tambourinent, — les gens du pays disent que c'est avec des arbres creux; — puis tous ensemble poussent des hurlements fort bien imités par les indigènes dans leur musique embryonnaire.

Le soko ne mange pas de viande; sa nourriture consiste en fruits sauvages; il fait ses délices de petites bananes, mais ne touche pas au maïs. Quand il a coupé les doigts de l'ennemi, il les crache immédiatement, et mord sans entamer la peau. Après avoir mutilé le chasseur, il le soufflette. Blessé, il arrache la lance qui l'a frappé, mais n'en fait pas usage; il prend ensuite des feuilles et les met dans la blessure pour arrêter le sang. Il ne souhaite pas le combat, attaque rarement un homme désarmé; et voyant que les femmes ne lui font pas de mal, il ne les inquiète jamais.

Ce grand singe vit en société d'une dizaine de mâles, chacun ayant sa femelle. Un intrus, venant d'une autre bande, est chassé à coups de poing et à grands cris. Si l'un des membres de la société cherche à s'emparer de la femelle d'un autre, il est terrassé et mordu par tous les mâles du groupe. Le père porte souvent le petit, surtout dans la traversée des clairières; rentré dans la forêt, il remet l'enfant à sa mère. Celle-ci a quelquefois deux jumeaux.

26 *septembre*. — Je peux enfin écrire que mes plaies sont en voie de guérison; elles m'ont infligé une immobilité de quatre-vingts jours, et il se passera bien du temps avant que les chairs détruites soient remplacées. Beaucoup d'esclaves sont morts de ces ulcères.

4 *octobre*. — Les Portugais ont traversé le Chambèze quelque soixante-dix ans avant moi; mais pour eux c'était une branche de leur fleuve et rien de plus. Cooley a marqué cette rivière sur sa carte sous le nom de New-Zambezi. J'ai été amené de la sorte à la considérer comme la branche orientale du Zambèze. On m'a dit qu'au sud-ouest elle formait une grande eau; j'ai cru immédiatement que c'était le Liambaï de la vallée des Barotsés; il m'a fallu revenir à l'embouchure du Chambèze, dans le lac Bânngouéolo, pour rectifier cette erreur : un an et demi de travail. Vingt-deux mois se sont écoulés avant que j'aie pu regagner le point d'où j'étais parti pour explorer le Bânngouéolo, le Louapoula, le Moéro et le Loualaba. Cazembé est le premier qui m'éclaira à cet égard, en me disant : « Tout cela ne fait qu'une seule pièce d'eau, toujours la même. Voulez-vous connaître cette rivière? Marchez vers le nord, et quand vous rencontrerez une bande de trafiquants, joignez-vous à elle. Sinon, revenez à moi, et je vous enverrai au Moéro par mon sentier. »

Je voudrais appeler le Loualaba central *Lake river Webb* (rivière lacustre de Webb); l'occidental, *Lake river Young*. Le Loufira et le Loualaba du couchant forment un lac; le nom indigène de celui-ci, *Tchibonngo*, doit être remplacé par celui de *Lincoln*. Je désire nommer la source du Liambaï (haut Zambèze) *Fontaine Palmerston*, et appeler celle du Loufira

1. Probablement une nouvelle espèce de chimpanzé et non des gorilles. Chouma et Souzi n'ont pas reconnu le soko des Manyémas dans le gorille du British Museum.

Bartle Frere, noms des trois hommes qui, de nos jours, ont le plus fait pour l'abolition de la traite des noirs.

8 *octobre*. — Il est curieux que tous les Arabes croient nécessaire de me dire : « Les Manyémas sont très-mauvais. » Ce qu'ils ont de mauvais, c'est une crainte effroyable des fusils, terreur qui les met corps et biens à la merci des traitants. S'ils n'avaient affaire qu'à des armes blanches, les Manyémas seraient très-braves; ils ne craignent aucun de leurs adversaires, quel que soit le nombre de ses lances. « Si vous n'aviez pas de fusils, disent-ils avec raison, pas un de vous ne reverrait son pays. » Mais déjà ils s'aguerrissent; Moïnémokaïa a tué deux agents et leur a pris leurs armes. Ailleurs, ils se sont préparés au combat et ont tué huit ou neuf Arabes.

10 *octobre*. — Il ne me reste plus qu'une plaie et de la dimension d'un pois. La poudre de malachite est le meilleur remède; toutefois le commencement des pluies peut avoir aidé à la guérison. Ces vingt derniers jours, j'ai eu la fièvre qui m'a enlevé mes forces, ôté la voix et purgé à outrance. Combien d'indigènes en sont morts? on ne pourrait le dire. Pendant que cette épidémie ravageait la contrée, nous avons appris que le choléra sévissait d'une manière affreuse sur la route qui va à la côte.

Une épizootie a également fait périr, cette année, les chèvres et les poules en grand nombre.

11 *octobre*. — La visite des traitants de l'Oujiji est un grand fléau pour les Manyémas : les huttes sont prises sans autorisation, le bois de chauffage, les vases, les paniers, les vivres employés sans scrupule. Quand reviennent les femmes qui se sont enfuies dans les bois, elles ne trouvent plus chez elles qu'une litière de débris. Je veux toujours payer mon gîte, et souvent sans le pouvoir : les propriétaires craignent de se montrer. Il n'est pas rare que, sur mon passage, des vieillards s'approchent de moi avec un présent de bananes, en disant d'une voix tremblante : *Bolonngo, bolonngo!* (Amitié, amitié!) Si je m'arrête pour prendre leurs fruits et leur donner quelque chose, d'autres vont en courant chercher d'autres bananes ou du vin de palme. Les Arabes demandent ce qu'ils veulent, le prennent sans dire merci, et se tournant vers moi : « Ne leur donnez rien, me disent-ils, ce sont de mauvaises gens. »

Sur la route de Méréré, une femme est chef de village. Pas de bétail chez elle; un insecte, plus grand que la tsétsé et non moins redoutable, se pose sur les animaux; quand les bêtes se lèchent, il leur mord la langue ou y fait sa ponte.

18 *octobre*. — Ce qui manque aux Manyémas, c'est un lien national; chacun de leurs chefs est indépendant. Ils ont de l'industrie, leurs villages sont bien tenus, l'ordre y règne, ainsi que la justice, et les relations entre les habitants sont bonnes; mais cela ne va pas plus loin. Si un homme d'un autre district s'aventure dans la bourgade voisine, il est en danger : on ne l'y regarde pas avec plus de faveur que les buffles d'un troupeau n'accueillent un buffle d'une autre bande. Sa mort ne peut être punie que par une guerre; et la vieille querelle, envenimée, est transmise aux descendants.

20 *octobre*. — La première pluie sérieuse de la saison est tombée hier dans l'après-midi.

Il est remarquable que les Manyémas ne soient pas influencés par l'arrivée de gens d'un état supérieur; le progrès semble leur être inconnu. Moïnékouss, en comprenant les avantages, avait payé des forgerons pour qu'ils montrassent leur métier à ses fils; mais il n'a pas obtenu de ces derniers qu'ils agissent de même envers les autres, et il est mort sans être remplacé.

25 *octobre*. — Je me suis efforcé dans ce voyage de suivre inflexiblement la ligne du devoir. Ma conduite a été droite, bien que ma route fût tortueuse. Tous les obstacles, la faim, la fatigue, ont été acceptés avec la ferme conviction que je devais persévérer dans ma tâche. Que je réussisse ou non, j'aurai suivi le droit chemin avec calme et conscience; la perspective de la mort ne m'en détournera ni d'un côté ni de l'autre. Pendant les trois premières années, j'ai eu le pressentiment que je ne vivrais pas assez pour achever mon entreprise. Ce pressentiment, d'abord très-vif, s'est affaibli à mesure que j'approchais du but. Il faut que je descende le Loualaba central ou rivière de Webb, puis que je remonte celui du couchant, ou rivière de Young, jusqu'aux fontaines du Katannga; et alors je reviendrai. Je prie Dieu que ce soit à mon pays natal.

Saïd ben Habib, Dagâmmbé, Djouma Mérikano et Abdallah Masenndi arrivent avec sept cents mousquets et une provision énorme de cuivre, de grains de verre et d'autres marchandises. Ils veulent traverser le Loualaba et aller trafiquer à l'ouest de cette rivière. Je les attendrai : ils peuvent avoir des lettres pour moi.

Moïnémokata, qui a pénétré plus loin que la plupart des Arabes, me disait : « Celui qui voyage avec une langue polie et bonne peut aller chez les plus mauvais peuples d'Afrique sans avoir rien à craindre. » Rien n'est plus vrai; mais le temps est tout aussi nécessaire : il faut donner aux gens le temps de vous connaître, et pour cela ne pas traverser le pays en courant.

29 *octobre*. — Les Manyémas achètent leurs femmes les uns des autres : une jolie fille rapporte dix chèvres. Aujourd'hui, j'en ai vu conduire une au domicile conjugal. Elle marchait gaiement, accompagnée d'une servante et suivie de l'épouseur. Ils vont rester cinq jours chez eux, puis ils reviendront chez les parents de la femme, où celle-ci restera également cinq jours, après lesquels son époux ira la chercher de nouveau. Beaucoup de ces jeunes filles sont jolies et admirablement faites.

8 *novembre*. — Obtenu un kônndohônndo, grand calao à double bec (*buceros cristata*), le sassara des Bammbarrés. C'est un bon rôti; la graisse en est d'une

Le marché (voy. p. 63). — Dessin de D. Vierge, d'après le texte.

teinte orangée, comme celle du zèbre. Je conserve le bec pour en faire une cuiller.

[illegible] novembre. — Une razzia a été faite au sud-ouest de Mahembéla pour retrouver quatre fusils qui avaient été pris à Katoumba. Trois des fusils ont été recouvrés; il y a dix morts du côté des Arabes. Ces derniers ont eu cinq hommes tués à Rinedi. On ne parle pas du motif de ce quintuple meurtre; mais il suffit de voir le pillage des champs et des maisons pour en deviner la cause. « Les Manyémas, me disait un Arabe, comprennent maintenant que chaque coup de fusil n'est pas mortel. » Ils apprendront bientôt que, dans la forêt, leurs lances sont plus meurtrières que les armes à feu, et le pays sera fermé.

Je suis horriblement las d'être ici. Ne rien faire ou abandonner mon œuvre m'est également intolérable. Je n'en supporte pas l'idée; et je suis obligé de rester sur place, faute de monde.

J'ai écrit à Oujiji pour que l'on m'envoie mes lettres et des médicaments, dont j'ai si grand besoin.

Les parents d'un petit garçon, pris dans une razzia, ont amené trois chèvres pour le racheter. L'une des chèvres a été refusée, comme ne valant rien. L'enfant a pleuré en voyant sa grand'mère; et le père aussi quand il a entendu qu'on ne voulait pas de sa chèvre et qu'on gardait l'enfant. « J'ai vu toutes les oppressions qui se font sous le soleil; j'ai vu les larmes des innocents, qui n'ont personne pour les consoler. Du côté de leurs oppresseurs est la puissance; mais eux, personne ne vient à leur secours. » (*Ecclésiaste*, IV, 1.)

Les Vouajiji, qui s'étaient rendus à Mahembéla pour y chercher de l'ivoire, sont revenus terrifiés : chacune de leurs bandes a perdu trois ou quatre hommes; et, dans la dernière affaire, les Manyémas leur en ont tué douze. Ils refusent maintenant d'aller chez ceux qui ne demandaient qu'à les bien accueillir et qu'ils ont forcés à devenir leurs ennemis. L'éducation du monde est terrible, et se fait en Afrique avec une implacable rigueur, depuis les temps les plus reculés. Ce que deviendront les Africains après cette effroyable leçon est dans les secrets de la Providence; mais ce devra être un merveilleux pays, quelque chose de très-grand, comme à l'époque où florissaient Tirhaka et Zorah.

Les gens de Bambarré sont de médiocres cultivateurs. Ils ont du maïs, des bananes, des arachides, quelques patates et un peu de cassave; mais pas de sorgho, de méléza, de nyoummbos, de citrouilles, de melons, qui abondent dans tous les autres districts. Personne ne se serait établi chez eux s'ils n'avaient pas eu Moinékouss.

Jouer avec des perroquets est le grand plaisir des Bammbarrés.

Un petit oiseau accompagne le calao sassara; il le suit en criant et lui donne des coups de bec sur la queue jusqu'à ce que le sassara lui ait livré le contenu de ses intestins. Il le quitte alors et va poursuivre d'autres oiseaux de la même manière : criant et becquetant jusqu'à ce qu'il ait produit la purgation. Les indigènes lui donnent un nom qui signifie *jeu*, et les hommes venus de la côte celui d'*outané*, qui veut dire farce, ou de *msaha*, qui est l'équivalent d'esprit.

6 *décembre*. — Que Dagâmmbé ou Saïd arrive donc! Après tout, ce délai est peut-être pour le mieux.

Tous les perroquets saisissent leur nourriture de la main gauche; le lion frappe du bras gauche; tous les animaux sont gauchers, excepté l'homme.

10 *décembre*. — Je suis doublement arrêté dans ce Manyéma : de la pluie tous les jours et souvent dans la nuit; j'aurais les hommes nécessaires, que je ne pourrais pas voyager. Cependant je ferais quelques pas. C'est le plus triste délai que j'aie jamais subi. Je lève mes regards vers le ciel pour en obtenir aide et pitié.

11 *décembre*. — Le mbouidé ou zibou attaque l'homme au tendon d'Achille; très-probablement c'est le ratel; et c'est aussi probablement ce dernier qui a fourni les peaux du tabernacle. Son urine met les abeilles en fuite, et il mange le miel en toute sécurité. Les lions et d'autres animaux redoutent son attaque au talon.

Deux éléphants énormes ont été tués; ils venaient du sud. Les zèbres, les éléphants, les buffles, toutes les bêtes du pays des Basonngos sont de très-grande taille. Les deux colosses avaient les défenses très-lourdes : le creux en est plein. Eux-mêmes étaient gras et charnus. Ici le corps d'un éléphant vaut onze chèvres.

24 *décembre*. — L'un des hommes de Kasonngo a été frappé d'un coup de lance. Par représailles, on a tiré sur un groupe très-innocent du fait; deux indigènes, puis deux, puis trois, puis d'autres ont été tués. Ces gens du Sahouahil sont les plus cruels de tous les missionnaires, et avec cela tellement grossiers dans leurs paroles et dans leur conduite! Ils répandent les maladies partout.

Moïnemmbeg, le plus intelligent des fils de Moïnékouss, m'a dit qu'on avait tué hier un homme à quelques lieues d'ici, et qu'on l'avait mangé; la faim est le motif assigné à cet acte de cannibalisme. A propos de nourriture, Moïnemmbeg a ajouté que les Manyémas font tremper de la viande dans l'eau pendant deux jours, afin de lui donner du fumet. Leur goût pour la viande gâtée est la seule raison que je connaisse de leur anthropophagie.

Il y a eu cette nuit un violent orage. Les indigènes prétendent qu'en pareille circonstance de gros poissons tombent du ciel avec les éclairs : opinion que partagent les Arabes. Mais leur gros poisson est le *clarias capensis* de Smith, que l'on voit souvent dans l'herbe, où il émigre en file indienne, et franchit des espaces de plusieurs kilomètres; c'est probablement ce qui a fait croire aux indigènes qu'il tombait des nues.

Ici le chagrin tue les hommes libres que l'on réduit en esclavage : leur cœur se brise. Dans une attaque nocturne, le frère de Saïd ben Habib fut tué d'un coup de lance. Saïd jura de venger son frère, et assaillit tous ceux qu'il rencontra, fusillant les âgés et s'emparant des jeunes. Ceux-ci endurèrent la chaîne tant qu'ils furent dans le pays; mais quand ils virent couler le Loualaba entre eux et leurs villages, ils se désolèrent. Vingt et un, qu'on avait déchaînés, se sauvèrent tous ensemble. Les huit qui restaient captifs moururent dans les trois jours qui suivirent. Ils ne se plaignaient que du cœur, posant la main exactement à sa place, bien que, d'après leurs croyances, cet organe dût être sous la clavicule. Les traitants étaient surpris de les voir mourir alors qu'ils avaient à manger et qu'ils ne travaillaient pas; mais comme cette maladie n'attaque que les hommes libres quand ils sont capturés, ceux qui la contractent meurent réellement de chagrin.

Un léopard ayant tué ma chèvre, un fusil a été disposé à son intention, et lui a brisé les deux pattes de derrière et une de devant. Malgré cela, le léopard a bondi sur un homme et l'a cruellement mordu. C'était un mâle : deux pieds quatre pouces au garrot, six pieds huit pouces des narines au bout de la queue.

1er *janvier* 1871. — O Père! aide-moi à finir mon œuvre en ton honneur.

Toujours détenu à Bambarré; mais une caravane de cinq cents fusils est, dit-on, arrivée de la côte; elle m'amène peut-être des hommes et des marchandises.

Pluie quotidienne.

Une femme a été tuée près du camp. Le meurtrier dit que c'était une sorcière; le corps reste exposé jusqu'à ce que l'affaire soit réglée, sans doute par une amende de chèvres. Les Manyémas sont les plus sanguinaires des hommes. L'un d'eux jette par terre une plume écarlate de perroquet, et défie les assistants de la prendre et de la mettre à leur coiffure : celui qui le fait doit tuer un homme ou une femme. Une autre de leurs coutumes veut qu'on ne porte la dépouille du chat musqué que lorsqu'on a tué quelqu'un.

28 *janvier*. — Une caravane approche, et l'on m'annonce que mes gens et mes valeurs sont à Oujiji. Le choléra a fait, dit-on, d'affreux ravages à Zanzibar, où il y a des milliers de victimes. Les bœufs tremblaient et tombaient foudroyés; les poissons de la mer ont péri en grand nombre. Ici les volailles, et combien d'indigènes! Ce n'était pas le choléra, mais sa compagne. Dans l'origine, le fléau ne s'étendait que sur la côte; maintenant le voilà dans l'intérieur, d'où il se répandra dans toute l'Afrique. Cela nous vient de la Mecque, ce cloaque où s'amassent les abats des animaux et les ordures des hommes.

Les gens d'Ébed apportent deux cents frasilahs (sept mille livres) de verroterie. Ils vont traverser le Loualaba et ouvrir au commerce un nouveau champ sur les rives du Loualaba occidental, celui de Young. Tout le centre de l'Afrique sera bientôt connu.

Les maux infligés par les Arabes sont énormes; mais les naturels s'en infligent peut-être à eux-mêmes d'aussi grands. Les meurtres commis de sang-froid sont horriblement nombreux. Des hommes tuent quelqu'un pour mettre à leur coiffure une plume de perroquet. Et pourtant ils ne sont pas laids comme les gens de l'ouest; beaucoup d'entre eux ont la tête aussi bien faite qu'on peut en voir à Londres. Si les Européens étaient nus, ils feraient triste figure à côté de ces corps bien découplés, aux membres élégants. Sont-ils vraiment cannibales? Ce que j'ai vu fait naître de graves soupçons; toutefois un jury écossais répondrait : *Not proved*. Les femmes ne sont pas coupables.

4 *février*. — Deux de mes hommes de la côte doivent arriver aujourd'hui. Cela m'assure que mes lettres n'ont pas été détruites. J'en suis très-heureux : ils savent maintenant en Angleterre ce qui m'a retenu, et connaissent le but que je me propose.

5 *février*. — Une seule lettre; il en manque quarante!

J'ai le projet de partir le 12. Envoyé au docteur Kirk un chèque de quatre mille roupies. Grands ravages faits par le choléra à Zanzibar et sur toute la côte. Tous mes porteurs de la première bande sont morts.

8 *février*. — Mes dix hommes, ceux qui arrivent, refusent de me suivre; ils sont influencés par Chérif. Toutefois ils viendront si j'augmente leurs gages. J'espère partir demain.

Ces dix hommes appartiennent à des Banians; ce sont des esclaves; ils n'ont aux lèvres que mensonges, et prétendent qu'ils ne sont envoyés par le consul que pour me ramener. Leur but est de m'exploiter. Ils demandent six dollars par mois, le double de ce que gagne un homme libre à Zanzibar. Chérif et Ahouathé, leurs chefs, sont restés à Oujiji, où ils font ripaille avec mon bien.

13 *février*. — Hier, des gens sont venus en foule pour manger un homme accusé de meurtre; l'homme manquait, et ils furent très-désappointés en apprenant qu'il n'y avait pas de victime à leur offrir; décidément ils sont cannibales.

23 *février*. — Partis le 16, nous sommes aujourd'hui au village de Kahommbogola, dont le chef est un vieillard très-faible. Le pays est ondulé, revêtu d'une herbe d'un vert tendre, excepté au bord des ruisseaux, où les arbres forment des lignes d'une teinte foncée.

25 *février*. — Il est connu maintenant que le Loualaba coule à l'ouest-sud-ouest. J'ai à suspendre mon jugement : peut-être est-ce le Congo. Personne ne savait rien de cette rivière, si ce n'est qu'à neuf jours de marche au sud-ouest de Kasongo elle décrit une courbe se dirigeant au nord-nord-est.

Un jeune soko, pris au moment où sa mère a été tuée, m'a été donné par Katomba. C'est une femelle; assise, elle a dix-huit pouces de hauteur; elle a sur tout le corps de longs poils noirs, qui étaient jolis quand sa mère les soignait. C'est la moins maligne de toutes les créatures simiennes que j'ai rencontrées. Elle paraît savoir qu'elle a en moi un ami, et reste tranquillement sur la natte, à côté de moi. Quand elle marche, la première chose dont on est frappé, c'est qu'elle s'appuie sur le dos de la seconde phalange des doigts, et non sur la paume des mains; les ongles ne touchent pas le sol, la jointure non plus. Elle fait usage de ses bras comme de béquilles, pour se soulever, et se projette entre ses deux supports. Parfois une de ses mains antérieures est posée avant l'autre et alterne avec celles de derrière; ou bien elle marche debout et tend la main pour qu'on la soutienne. Si on refuse la main qu'elle présente, elle baisse la tête, et son visage a les contractions que donnent à la figure humaine les larmes les plus amères; elle se tord les mains, vous les tend de nouveau et parfois en ajoute une troisième pour rendre l'appel plus touchant. Elle s'entoure de feuilles et d'herbe pour faire son lit, et ne permet pas qu'on touche à sa propriété. C'est la petite créature la plus aimante du monde; elle m'a prise en affection du premier coup, m'a gazouillé un salut, a flairé mes habits et m'a tendu la main. Au lieu de la serrer, j'ai tapé légèrement cette main ouverte, sans offense : ce qui néanmoins a blessé la petite. Dès qu'on l'a attachée, elle s'est mise à défaire le nœud de la corde avec ses doigts, et en s'y prenant d'une façon tout à fait méthodique. Un homme ayant voulu l'en empêcher, elle lui a lancé des regards furieux et a essayé de le battre. L'homme avait un bâton; elle en a eu peur, est venue s'adosser à moi, et, reprenant confiance, a regardé l'homme en face. Elle tend les bras pour qu'on la porte, absolument comme un enfant gâté; si on n'y fait pas attention, elle pousse un cri de colère qui rappelle celui du milan, se tord les mains, comme si elle était au désespoir, et d'une façon toute naturelle. Elle mange de tout, refait son lit tous les jours, se couvre d'une natte pour dormir, et s'essuie le visage avec une feuille.

5 *mars*. — Traversé, le 2, quatorze cours d'eau en six heures de marche : des ruisseaux de trois à quinze pieds de large et de un à trois pieds de profondeur. Chacun d'eux a un nom; les indigènes en connaissent le cours et disent sans hésiter dans quelle rivière ils se jettent avant de gagner le Loualaba.

Montagnes couvertes de bois à droite et à gauche.

Aujourd'hui, après une marche en pleine forêt, nous avons atteint de jolis villages, accrochés aux pentes de collines boisées. Devant la porte de beaucoup de maisons est une petite véranda; au point du jour, toute la famille s'y rassemble autour d'un feu, que nécessite la fraîcheur du matin; et tout en jouissant du brasier, elle respire un air pur et cause de ses affaires. Le feuillage environnant, de formes très-diverses, a des myriades de gouttes de rosée; les coqs chantent vigoureusement et se pavanent; les chevreaux cabriolent et sautent sur le dos de leurs mères, qui ruminent, tandis que leurs aînés simulent des combats. De laborieuses ménagères font cuire leur poterie dans un tas de racines d'herbe enflammées, dont les cendres leur donneront du sel qu'elles extrairont le lendemain, faisant ainsi d'une pierre deux coups.

La douce beauté de pareilles scènes est inexprimable; l'enfance relève de son charme particulier ce tableau paisible, dont elle ne perd jamais le souvenir; car les adolescents tirés d'esclavage, et devenus l'objet d'une sollicitude affectueuse, parlent du temps qu'ils ont passé là comme de leurs plus beaux jours.

Parfois nous trouvons les villages déserts : notre approche a effrayé la population. Les portes sont closes, et un bouquet de feuilles ou de tiges de roseaux est placé en travers du seuil; cela veut dire : « On n'entre pas ici. » Quelques poulets qui s'étaient cachés pendant qu'on emportait les autres, vont et viennent en gloussant leur plainte; les foyers encore fumants disent que la fuite est récente.

6 *mars*. — Passé dans de gros bourgs où des forges nombreuses sont en activité.

9 *mars*. — Hier, marché pendant cinq heures dans une plaine herbeuse et découverte, où un soleil torride nous a beaucoup fatigués. Traversé deux cours d'eau ayant des ponts, et couché dans un village bâti sur une crête boisée qui domine la résidence de Kasonnga. Ce matin, après deux heures de marche, nous sommes arrivés chez celui-ci, où nous avons été salués par la caravane de Sélim Mokadem. Kasonnga est un fort beau jeune homme, aux traits européens; un chef habile que les Arabes qualifient d'homme bon, parce qu'il se joint à eux dans leurs razzias.

Chez Kasonnga, nous n'étions plus qu'à dix kilomètres du Loualaba, qui, après avoir décrit une courbe de plus de deux cents kilomètres au sud-ouest, se dirige actuellement vers le nord, en se réinclinant du côté de l'est. C'est un fleuve majestueux, renfermant beaucoup d'îles, et qui nulle part, et en aucune saison, ne peut être passé à gué. J'aurais voulu le descendre; mais Kasonnga n'a pas de pirogues, et il me faut cinq ou six jours de marche pour atteindre Moïné Loualaba, où j'achèterai un canot, si Abed veut me prêter la somme nécessaire.

11 *mars*. — Long et chaleureux discours d'Aymar pour me dire que si je me hasarde seul avec ma petite bande, je serai mangé, que les naturels ont faim d'un blanc, qu'il me faudrait deux cents fusils, etc.... Je l'ai remercié du conseil; mais il a perdu la tête. Les traitants d'Oujiji ne sont que des pillards; leurs gens valent encore moins. La perspective de gagner des esclaves domine tout chez eux; et le sang coule à flots. Le Seigneur voit tout cela!

15 *mars*. — Mes gens ne reviennent pas; je crains qu'ils ne se soient engagés dans quelque affaire. J'ai le cœur brisé et soulevé par tout ce sang répandu.

23 *mars*. — Pluie très-froide du nord-ouest.

J'espère me diriger demain vers le *lakoni*, ou grand marché de cette région.

26 *mars*. — Pays découvert où l'on aperçoit des collines peu élevées. Rencontré les gens de Matéréka; ils avaient quatre-vingt-deux captifs, et m'ont dit qu'ils s'étaient battus pendant dix jours.

28 *mars*. — Mes hommes, les esclaves des Ba-

Massacre un jour de marché (voy. p. 65). — Dessin de D. Vierge, d'après le texte.

nians, refusent de porter les grains de verre. Tant de difficultés sont semées sur mes pas, que je me demande si la volonté divine n'est pas contre moi.

29 mars. — Les villages sont nombreux : dans chacun d'eux se voit une foule de cochons. La demeure du chef, dans laquelle j'ai logé, avait un ménage considérable : quarante pots, des plats, des paniers, des couteaux, des nattes. Tout cela a été transporté par la femme dans une autre maison, pour me laisser toute la place. Elle a reçu de moi quatre rangs de perles.

Je suis allé au Loualaba ; il est moins large ici qu'il ne l'est en amont, mais c'est encore une rivière de deux mille sept cents mètres d'un bord à l'autre. Beaucoup d'îles ; les berges sont élevées et rapides.

Pour se faire une idée du chiffre des habitants, il

[illegible] scène (voy. p. 60). — Dessin d'Émile Bayard, d'après le texte.

faut voir les marchés, avec leur affluence énorme, principalement des femmes. Ces marchés sont dans le pays comme une grande institution.

3 *avril* — Le Loualaba, dit-on, déborde annuellement comme le fait le « Père de l'Égypte », le Nil. Je l'ai sondé hier, et j'ai trouvé neuf pieds près du bord, quinze dans tout le reste ; une fois, j'ai même eu vingt pieds au milieu, douze entre les îles, et neuf près de la rive. C'est vraiment une noble rivière que ce Loualaba.

7 *avril*. — Fait cette encre avec les graines d'une plante nommée *dzaghifaré* par les Arabes, et qui n'est pas rare dans l'Inde. Les Manyémas s'en servent pour teindre leurs étoffes, et en guise de fard pour la tête et le visage.

10 *avril*. — Tchitoka ou jour de marché. Plus de

sept cents personnes, je les ai comptées, ont passé devant ma porte. Pour les femmes, c'est une fête; marchander, plaisanter, rire, triompher de l'acheteur ou du vendeur, est pour elles le bonheur de la vie. Il y en a beaucoup de belles et beaucoup de vieilles. Toutes portent de lourdes charges de provisions et de pots de terre, qu'elles vendent pour un prix très-minime, et dans lesquels on met l'huile de palme.

Les hommes viennent en grande toilette et apportent peu de chose, des objets en fer et des volailles; ou bien ils amènent des cochons.

14 *avril.* — Mes gens, qui ne veulent pas aller plus loin, répandent le bruit que si je veux acheter un canot, c'est pour porter la guerre sur l'autre rive.

Le Kamolonndo a environ quarante kilomètres de large; il reçoit le Loufira, dont la largeur, chez Katannga, est d'une portée de flèche.

Les gens d'ici ne mangent que les hommes tués à la guerre; il semblerait que c'est par vengeance, car le chef me disait l'autre jour: « Cette viande est mauvaise, elle me fait rêver du mort à qui elle appartient. » Tous s'accordent à dire que la chair humaine est légèrement salée, et n'exige que peu d'assaisonnement. Cannibales! et cependant c'est une belle race!

27 *avril.* — Attendre, toujours attendre! « Nous vous les amènerons, » disent les propriétaires des canots; mais ils ne bougent pas. Ils se défient de nous, et mes gens augmentent leur défiance.

1er *mai.* — Les hommes de Katommba arrivent de chez les Babisa; l'abondance d'ivoire qu'ils ont trouvée là-bas est extraordinaire. Dans la plupart des maisons les piliers et l'encadrement des portes sont faits de cette matière.

Le Loualaba monte rapidement; il charrie de grandes quantités de plantes aquatiques.

Un ibis et beaucoup d'oiseaux blancs apparaissent: ce sont des paddas; ils vont au nord. Les habitants quittent leurs villages pour s'établir sur les hauteurs.

16 *mai.* — Trois mille personnes au marché. L'animation est extrême; les pêcheurs vont et viennent, portant des brochettes de petits silures fumés, ou d'autre fretin; ou bien des vases remplis d'eau et contenant des lépidosirènes, qu'ils sortent à moitié, pour montrer comme leur poisson est gras. D'autres courent çà et là avec des fragments d'écuelles remplis d'escargots de deux espèces, ou de fourmis blanches grillées ou frites. On trouve là du grain, du manioc, de la farine, des légumes, des bananes, de l'huile de palme, du sel, du poivre, de l'étoffe faite avec de l'herbe, des nattes, des paniers, de la volaille; tous les produits du pays ou de l'industrie des habitants. Chacun se débat, affirmant la bonne ou la mauvaise qualité de l'objet. La sueur perle sur tous les fronts; les coqs s'égosillent, même suspendus à l'épaule du vendeur et la tête en bas; les cochons poussent des cris perçants. Des loupes de fer, étirées aux deux bouts, afin qu'on puisse juger de la bonté du métal, s'échangent contre un tissu fait avec des fibres de palmier. Les hommes se promènent en coquetant, vêtus de jupons courts, à plis nombreux et de couleurs voyantes. Les femmes travaillent de bon cœur, faisant sonner leur vaisselle pour montrer qu'elle est sans défaut. Avec quelle ardeur les choses s'affirment! Toute la création est prise à témoin de la vérité du fait. Et quel étonnement, quel dédain lorsque la marchandise est dépréciée! et quelle insouciance quand l'acheteur s'éloigne! De petites filles vendent de l'eau à la tasse aux combattantes altérées, qui la leur payent avec de menus poissons. Tout cela se fait loyalement; en cas de différend, on en appelle au jugement des autres; ils ont tous un grand fonds d'équité.

20 *juin.* — Hassani a des canots; je ne peux pas en avoir un seul. Les pluies sont terminées; la rivière diminue; l'eau est toujours d'un brun sombre et couverte de débris.

J'ai offert à Dagâmmbé deux mille dollars pour dix hommes, à la place des dix esclaves qui m'ont été envoyés. Il m'a demandé quelques jours de réflexion.

Huit villages sont en feu. Dix ont été brûlés à propos d'un chef qui, dit-on, a manqué de parole.

13 *juillet.* — J'ai expliqué à Dagâmmbé ce que je voulais faire: atteindre le Lomamé, les fontaines d'Hérodote, voir les demeures souterraines. « Vous le savez, lui ai-je dit, j'ai des marchandises à Oujiji en quantité considérable; prenez-les en surplus des deux mille dollars et donnez-moi des hommes avec lesquels je puisse achever mon œuvre. Si ce n'est pas assez, j'ajouterai encore; mais ne me laissez pas dans l'obligation de rebrousser chemin, quand je suis si près du but! » Il m'a répondu qu'il en parlerait à ses associés. Que faire pour n'être pas déçu? Tout semble être contre moi.

15 *juillet.* — Quinze cents personnes étaient venues au marché. Je rencontrai tout d'abord Adie, Manilla et trois des hommes de Dagâmmbé; je fus étonné de les voir avec des fusils. La chaleur était étouffante; je résolus de rentrer chez moi. Comme je m'éloignais, je vis un de ces misérables marchander une poule et s'en emparer. Je n'avais pas fait trente pas hors de la place, qu'une double détonation m'apprenait le commencement du massacre. La foule s'élança de tous côtés, chacun jetant ses marchandises et prenant la fuite. Les trois hommes continuaient à tirer sur les groupes qui étaient en haut du marché, quand des volées de mousqueterie partirent d'une bande postée en bas de la crique, et dont les coups se dirigeaient sur les femmes qui se précipitaient vers les canots. Une cinquantaine de pirogues étaient là, pressées les unes contre les autres. Dans leur effroi, les hommes oublièrent leurs pagaies. Les canots ne pouvaient sortir tous ensemble, la crique était trop étroite. Hommes et femmes entassés dans les barques, blessés par les balles qui continuaient de pleuvoir, sautaient dans l'eau et s'y débattaient en criant. Une longue file de nageurs montrait que les malheureux se dirigeaient vers une île située à quinze cents mètres.

Le feu continuait; à chaque fois disparaissaient des têtes; les unes tranquillement, elles coulaient à fond et rien de plus; tandis qu'ailleurs on voyait des bras se tendre vers le ciel, puis disparaître aussi. Un canot se chargea d'autant de monde qu'il put en contenir. Trois autres allèrent au secours des amis défaillants, et s'emplirent au point qu'ils sombrèrent.

Peu à peu toutes les têtes disparurent. Dagâmmbé avait envoyé une grande pirogue au secours des malheureux; une femme refusa d'y monter, préférant la seule chance de salut qui lui restait, à la crainte d'être esclave. On ne saura jamais le nombre exact de ceux qui périrent dans cette ardente matinée, où il me sembla que j'étais en enfer.

16 *juillet*. — La fusillade continue. Dix-sept villages en flammes. Je ne peux plus rester avec ces gens-là; eux-mêmes ne tiennent pas à m'avoir pour témoin de leurs monstruosités.

20 *juillet*. — Parti pour Oujiji.

Arrivé hier chez Kasonngo, où tous les Arabes campés en cet endroit sont venus me saluer. Ils m'ont demandé la permission d'envoyer avec moi une de leurs bandes. Cela nous défendra peut-être contre les naturels, justement irrités.

2 *août*. — Beaucoup de villages; tous désertés à notre approche. Bananes très-abondantes. Effigies humaines : statues en bois, ou simplement bornes d'argile percées d'un trou au sommet; on les appelle *bathatas* (pères ou anciens); et les noms de ceux qu'elles représentent leur sont religieusement conservés.

4 *août*. — Traversé une contrée littéralement coupée de villages tous brûlés.

7 *août*. — Je suis malade; chaque pas est une souffrance. Nous sommes campés dans un village dont les habitants se sont rapprochés, nous ont jeté des pierres et ont cherché à tuer ceux des nôtres qui allaient chercher de l'eau.

Priés de venir s'entendre avec nous, les gens n'ont pas voulu; ils savent ce qu'ils ont souffert des hommes de Ben Djouma et de Mohammed. Je suis parti sans avoir pu leur rien donner.

Le défi du perroquet (voy. p. 59). — Dessin de D. Maillart, d'après le texte.

Pour extrait et traduction : Henriette Loreau

(*La suite à la prochaine livraison.*)

Jeux d'enfants à Kasar.agânga (voy. p. 70). — Dessin de D. Maillart, d'après le texte.

LE DERNIER JOURNAL DE LIVINGSTONE.

1866-1873. — TRADUCTION INÉDITE[1].

8 *août*. — Comme nous étions dans la forêt, entre deux murs d'une végétation compacte que l'on touchait à droite et à gauche, nous arrivâmes à un endroit où des arbres abattus barraient le passage. C'était évidemment une embuscade; mais on ne put rien découvrir, et nous pensâmes que le projet avait été abandonné. Toutefois, en se baissant jusqu'à terre et en regardant en haut, vers le soleil, on aperçut une ombre, et un léger bruissement dans le feuillage annonça le jet d'une lance. Une seconde lance, partie à ma droite, me rasa le dos et alla se planter dans le sol. Les deux hommes qui nous avaient jeté l'une et l'autre furent visibles alors dans une clairière, qu'ils traversaient en courant et qui se trouvait à quinze pas devant nous. J'étais à l'arrière-garde, et la caravane était passée quand j'arrivai à l'endroit où ces hommes m'attendaient, me prenant pour Mohammed.

Une autre lance me fut jetée en avant, et il s'en fallut d'un pied qu'elle ne m'atteignît. Des balles furent envoyées dans le fourré, mais sans résultat, car on ne voyait personne. Nous entendions cependant à côté de nous l'ennemi qui nous raillait, et deux de nos gens furent tués.

Cinq heures durant à courir ainsi la bouline au milieu de gens embusqués, intimement convaincus que s'ils me tuaient ils vengeraient la mort de leurs parents. De chacune des mailles du lacis impénétrable pouvait jaillir une lance; et à chaque seconde nous nous attendions à entendre le bruissement d'une arme mortelle dirigée contre nous. Je me fatiguai de cette crainte incessante; et — je suppose qu'il en est de même sur le champ de bataille — non par courage,

1. Suite. — Voy. p. 1, 17, 33 et 49.

mais par indifférence, il me devint égal d'être tué ou non.

A la fin, nous sortîmes de la forêt; et traversant le Laïya, nous nous trouvâmes près des villages de Monannboundoua. Pendant que nous nous reposions, apparut Mouanammpounda, qui avait entendu la fusillade et venait s'enquérir du fait. Je lui expliquai la méprise dont j'étais victime, et nous nous rendîmes ensemble à son village. Dans la soirée il m'envoya dix chèvres pour remplacer les trois que j'avais perdues, et me fit dire que si je voulais lui donner mes gens armés de fusils, il réunirait son peuple qui mettrait le feu au bois et punirait ceux qui m'avaient attaqué. Je lui répondis que l'attaque ne s'adressant pas à moi, mais à Mohammed Bogharib, pour lequel on m'avait pris, je n'avais nul désir de faire tuer des hommes.

Perdu tout le reste de mon calicot, un télescope, mon parapluie et cinq lances par le fait d'un de mes porteurs, qui a jeté son fardeau pour se sauver.

9 *août*. — Partis pour Mamohéla, maintenant abandonné par les Arabes. Mouanammpounda m'a conduit assez loin; arrivé à un endroit où l'herbe était foulée, il m'a dit : « Nous avons tué ici un homme de Moézia et nous l'avons mangé. » Les gens de Dagâmmbé, qui venaient alors de Mamaloulou, ont vu la chair de cet homme coupée par morceaux pour être cuite avec des bananes. Les naturels n'aiment pas que les étrangers voient leurs festins. Ils semblent manger leurs ennemis pour se donner du courage, ou simplement par vengeance. Chose à noter : ce n'est pas le besoin qui a fait naître cette coutume; la viande ne manque pas; il y a dans tous leurs villages des chèvres, des moutons, des chiens, des volailles et des cochons en abondance. La forêt est pleine d'éléphants, de buffles, de zèbres, d'antilopes, et les cours d'eau fournissent maintes variétés de poisson. Leurs ingrédients sont nombreux et ils ont du vin de palme et du tabac.

Je ne vois donc chez les Manyémas d'autre motif à l'anthropophagie qu'un appétit dépravé qui leur fait rechercher passionnément la viande d'un haut fumet. On dit qu'ils enterrent des corps dans les bois, et que, deux jours après, ils vont reprendre cette viande qui, grâce au climat, est putréfiée à point.

11 *août*. — Pendant la dernière razzia, des archers indigènes ont forcé les assaillants à jeter leurs mousquets et leur poudre. Ils auraient été sans pitié si des Manyémas ne s'étaient pas trouvés au pouvoir de l'ennemi; mais c'est le commencement de la fin qui exclura du pays tous les traitants.

Arrêt d'une demi-journée, car je suis malade.

Un homme m'a apporté un jeune milan pris au nid et qui n'est pas encore empenné; c'est le premier exemple, dont je sois certain, de la couvée de ce rapace sous cette latitude : le milan, dans la région intertropicale, est un oiseau de passage, qui probablement vient du midi.

18 *août*. — Premières pluies de la saison tombées le 12 et le 14; pluie douce; mais près du Louamo, l'eau coulait dans les sentiers.

Pas de nouvelles d'Oujiji; Bogharib est toujours à Bammbarré avec mes lettres. Je suis très-souffrant.

3 *septembre*. — Vents d'équinoxe. En marche pour Lohommbo.

12 *septembre*. — Deux hommes malades. Pour moi, je suis mieux; la farine de sorgho m'a rendu des forces; elle est presque aussi bonne que celle de froment.

14 *septembre*. — Beau pays ondulé et tout paré de verdure. Les gens d'un village n'ont pas voulu nous recevoir; nous nous sommes établis dans la forêt, à un millier de pas de leur estacade. J'aime mieux ces abris faits dans les bois que les maisons des naturels : on y évite les souris et la vermine et l'on n'y contracte pas d'obligations.

20 *septembre*. — Arrivés chez Konnda, qui demeure au bord du Katemmba. Grandes plantations de manioc. De là, chez une femme revêtue de la dignité de chef.

Rencontré la caravane de Nassar-Masoudi, deux cents mousquets. Nassar m'a donné un beau mouton et m'a dit que Saïd Médjid était mort; c'est un ami que je perds. Médjid m'avait témoigné beaucoup de bienveillance et donné deux lettres qui m'autorisent à réclamer l'aide de ses sujets. Saïd Burgash lui succède; je suis inquiet de ce changement : la bonté de Burgash durera-t-elle, maintenant qu'il a le pouvoir?

23 *septembre*. — Nous approchons du grand massif de montagnes qui se trouve au couchant du Tanganika. Les gens de l'Ougouhha sont mal disposés à notre égard; ils connaissent trop les caravanes pour nous bien accueillir.

Dans la dernière partie du trajet, il me semblait que je mourais sur pied; chaque pas était une douleur. Le moral accablé réagit sur le physique. Tous les traitants reviennent satisfaits. Leurs expéditions ont été fructueuses; la mienne seule a échoué, — et si près du but!

8 *octobre*. — Le chemin est couvert de fragments de quartz anguleux; je ne sais pas comment les pieds nus des femmes y résistent; bien que chaussés, les miens souffrent cruellement. La poussière cause des ophthalmies pareilles à celle dont Speke fut affecté.

J'ai fait demander des pirogues au chef de l'Ougouhha.

Le Lognoummba prend naissance au mont Kabogo de l'ouest. Nous étions encore à douze jours de marche, quand nous avons entendu des roulements pareils à ceux du tonnerre. C'était le bruit du Kabogo, un bruit de vagues s'engouffrant dans des cavernes. Peut-être le Lognoummba est-il le déversoir du Tanganika; plus bas, il devient le Louassé, puis le Louamo, et se jette alors dans le Loualaba. Le pays s'incline dans cette direction; mais j'étais trop malade pour examiner la source de cette rivière.

16 *octobre*. — Après beaucoup de retards j'ai obtenu un bon canot, moyennant six brasses de cotonnade;

t nous sommes partis hier pour l'île de Kabizihoua.

22 *octobre*. — Atteint le 19 le Kabogo de l'est; fait halte le jour suivant; aujourd'hui à Rommbola.

23 *octobre*. — En route au lever du soleil et arrivés Oujiji. Bon accueil de tous les Arabes, surtout de Moïnyéghéré.

Je ne suis plus qu'un squelette. Il y a ici un marché tous les jours; j'espérais qu'une bonne nourriture et le repos me rétabliraient, mais j'ai appris dans la soirée que je n'avais plus rien : Chérif a tout vendu. De deux mille sept cents à deux mille huit cents mètres de cotonnade, il ne m'en reste pas un seul; de sept mille livres de verroterie, pas une seule perle. Je m'étais dit : si, là-bas, je ne peux pas avoir de porteurs, j'attendrai qu'il m'en vienne de la côte; mais attendre à l'état de mendiant! Je n'y avais pas songé.

24 *octobre*. — Chérif n'a aucun sens moral; il est venu sans vergogne me tendre la main, et a paru offensé quand j'ai refusé de la prendre. Deux fois sa visite aujourd'hui! Il arrive en me saluant d'un *bal-kéri* (bonne chance) et part en me disant qu'il va prier. Je lui ai répondu que si j'étais un Arabe, il aurait les mains et les oreilles coupées, en qualité de voleur, et que je n'avais pas besoin de ses salutations. Dans ma détresse, il m'est poignant de voir les esclaves de cet homme rapporter du marché toutes les bonnes choses qu'ils achètent avec mon avoir.

29 *octobre*. — Il y a deux jours, Séid ben Médjid est venu me trouver. « C'est la première fois, me dit-il, que je suis seul avec vous; parlons d'affaires. Je n'ai pas d'articles d'échange; mais, je vous en prie, laissez-moi vendre de l'ivoire et vous en donner la valeur. » C'était encourageant; cependant j'ai répondu : « Non, pas encore. » Et au moment où j'étais le plus désespéré. Dans la matinée, je vois accourir Souzi, qui, tout haletant, me jette ces mots : « Un Anglais! je l'ai vu. » Et il repart comme une flèche.

Le drapeau des États-Unis, à la tête de la caravane, indiquait la nationalité de l'arrivant. Je vois des ballots de marchandises, des bouilloires, des marmites et des casseroles, des bassins, des tentes, etc. Je me dis : « C'est un voyageur luxueux. » Et personne de plus intrigué que moi.

C'était Henry Moreland Stanley, correspondant du *New-York Herald*, envoyé par James Gordon Bennett, au prix de plus de vingt mille dollars, pour avoir des nouvelles du docteur Livingstone.

Ce qu'il avait à dire à un homme, qui depuis deux années révolues était sans nouvelles d'Europe, a fait tressaillir toutes mes fibres. Le terrible sort de la France, les câbles télégraphiques posés au fond de l'Océan, l'élection du général Grant, le décès du bon lord Clarendon, les mille livres sterling votées pour mon voyage, preuve que je n'étais pas oublié, et beaucoup d'autres faits intéressants, ont réveillé en moi les émotions qui dormaient depuis mon entrée dans le Manyéma. J'ai retrouvé l'appétit; à la place de mes deux repas aussi minces qu'insipides, je mange quatre fois par jour, et les forces me reviennent.

Je ne suis pas démonstratif; je suis même aussi froid que, nous autres insulaires, nous avons la réputation de l'être; mais cette pensée de M. Bennett, cet ordre généreux, si noblement effectué par M. Stanley, — c'était bouleversant. Je me sens d'une extrême gratitude, et en même temps un peu honteux de n'être pas plus digne d'une pareille générosité. M. Stanley a rempli sa tâche avec une énergie inébranlable.

16 *novembre*. — Sir Roderick Murchison prenant un vif intérêt à l'exploration du Tanganika, nous partons pour le nord du lac, aux frais de M. Stanley et avec ses hommes.

21 *novembre*. — Rives très-populeuses. Arrivés ce matin à Magala, dont les habitants sont fort polis. Le Tanganika se rétrécit jusqu'à n'avoir plus qu'environ quinze kilomètres de large. Beaucoup d'arbres, tués par l'eau, révèlent une usurpation du lac sur la rive orientale. Nuit et jour, et à perte de vue, des quantités d'hommes se livrent à la pêche.

26 *novembre*. — Le fond du Tanganika mesure environ quatre milles géographiques de l'est à l'ouest.

M. Stanley a une fièvre très-grave.

28 *novembre*. — Lohinga, homme fort intelligent, nous a nommé dix-huit rivières : quatre se jettent directement dans le lac; les autres dans le Lousizé (Roussizi). Pas une ne sort du Tanganika. Celui-ci, néanmoins, se décharge quelque part; je n'ai à ce sujet aucun doute, bien que nous ne puissions pas trouver l'issue.

Vu deux bandes d'ibis religiosa; en tout, cinquante individus, pâturant comme des oies.

9 *décembre*. — Quitté la rive occidentale à quatre heures et demie du soir; gagné en trois heures une île située au nord du point de départ; et touché la rive orientale après huit heures de nage, ce qui donne au lac une largeur de quarante-cinq à quarante-huit kilomètres.

14 *décembre*. — Rentrés à Oujiji. Beaucoup de gens partent pour l'Ounyanyembé, où ils vont faire la guerre à Mirambo[1]. Leurs femmes se promènent en agitant des rameaux pour qu'ils aient la victoire.

20 *décembre*. — Je me prépare à marcher vers l'est, où m'attendent les valeurs que j'ai demandées. Passé trois jours à écrire des lettres. Emballé aujourd'hui, dans une boîte d'étain, des fers de lance et des dagues que M. Stanley doit porter en Angleterre; plus, des anneaux de jambe du Nzighé et du Manyéma.

27 *décembre*. — Quitté Oujiji à neuf heures du matin et couché à l'embouchure du Malagarazi.

1er *janvier* 1872. — Que le Tout-Puissant m'accorde de finir mon œuvre cette année; qu'il me l'accorde pour l'amour du Christ!

3 *janvier*. — M. Stanley a tué un zèbre : bête grasse et viande très-bonne.

1. Voy. *Tour du Monde*, t. XXV, p. 35 et suiv.

6 *janvier.* — Quitté le lac il y a deux jours. Hier, M. Stanley a eu la fièvre; il est mieux aujourd'hui, et nous partons.

12 *janvier.* — Mis en marche de bonne heure; la pluie tombe à verse. Pays ondulé; buffles nombreux. Nos gens ramassent des champignons et des racines qui ressemblent à des navets.

27 *janvier.* — Pendant la marche, — il y a de cela deux jours, — un âne que M. Stanley a acheté pour moi, fut attaqué par des abeilles. Au lieu de prendre le galop, le stupide animal se coucha et se roula tant et plus. J'en fis autant, puis me relevai et me jetai dans les buissons, comme une autruche poursuivie. Je me mis ensuite à courir en agitant une branche autour de ma tête; mais avant que j'en fusse délivré, les bestioles furieuses m'avaient fait de cruelles piqûres. Jusque-là, je n'avais jamais vu d'abeilles se jeter sur les hommes. L'âne, qui avait été martyrisé, est mort ce matin. »

A partir du 16 janvier, la route suivie par la caravane fut celle qu'avait prise Stanley pour venir. C'est probablement pour ce motif que Livingstone n'a consigné dans son journal, sur cette partie du chemin, que des notes très-brèves, se bornant à relever la situation des lieux et à prendre les observations météorologiques. Il en est de même pour la découverte du Roussizi. Le docteur a voulu sans doute laisser au correspondant du *New-York Herald* le soin de décrire l'exploration dont celui-ci faisait les frais et avait eu l'initiative. D'Oujiji à Kouihara, Stanley guida la caravane; la dépense fut également à sa charge[1].

Le 30 janvier, la bande était à Méréra; le lendemain, à Mouaro. Le 1er février, elle rencontrait une caravane qui se rendait au lac par la route que Stanley avait ouverte, et que depuis lors beaucoup de gens avaient prise. Le 7, les voyageurs campaient au bord du Ngombé, où Stanley, qui avait la fièvre, avait été porté en litière. Le 9, on atteignit Manyara; et le 18, le docteur voyait s'ouvrir devant lui la vallée de Kouihara, émaillée de villages parmi lesquels se trouvait le tembé de son compagnon[2].

« 18 *février* 1872. — *Kouihara, Ounyanyembé.* — M. Stanley emploie les arguments les plus pressants pour me décider à revenir avec lui en Angleterre, où je réparerais mes forces; je reviendrais ensuite finir ma tâche. Mais je me dis à moi-même : Tous vos amis souhaitent d'abord que vous complétiez votre œuvre. Ma fille m'écrit : « Quel que soit mon désir de vous revoir, j'aime mieux que vous réalisiez vos plans de manière à vous satisfaire, que de revenir pour m'être agréable. » Bien pensé et noblement dit, ma mignonne! La vanité murmure très-fort à mon oreille : « C'est un éclat du vieux bloc. » Ma bénédiction sur elle et sur les autres!

Il est certain que quatre grandes sources jaillissent de la ligne de faîte, à huit jours de marche de Katannga. Ces sources deviennent bientôt de grandes rivières; deux de ces rivières se dirigent au nord, vers l'Égypte; les deux autres vont au sud, dans l'Éthiopie intérieure : ce sont le Loufira ou Bartle Frère, qui se jette dans le Kamolonndo; et le Loualaba de Webb, qui est la ligne principale du drainage. Un autre Loualaba, celui d'Young, traverse le Tchibonngo (lac de Lincoln), et, ainsi que le Lomamé, va rejoindre la rivière de Webb. La fontaine Liambaï, celle de Palmerston, est la source du haut Zambèse; et le Lounnga, fontaine d'Oswell, est la tête du Kafoué; toutes les deux s'écoulent dans l'Éthiopie centrale. Il est possible que ce ne soient pas les quatre fontaines dont le trésorier de Minerve a parlé à Hérodote; mais elles n'en méritent pas moins qu'on les découvre, en tant qu'elles sont placées dans les cent derniers des sept cents milles anglais (onze cents à onze cent cinquante kilomètres) de la ligne de faîte, d'où proviennent la plupart des sources du Nil.

Mes pertes sont plus que compensées par M. Stanley, qui me donne quatorze sacs et demi de grains de verre, douze balles de calicot, trente-huit rouleaux de fil de laiton, un bateau, une baignoire, une tente, des ustensiles de cuisine, douze feuilles de cuivre, des vêtements, des couvertures, des médicaments, des outils, des livres, du papier, des munitions, etc.

20 *février.* — Je reçois d'Agnès, à ma grande joie, quatre chemises de flanelle; et de mon ami Waller, deux paires de bottes qui m'enchantent.

21 *février.* — Pluie torrentielle; je suis content d'être à l'abri.

23 *février.* — Fait prendre chez le gouverneur une caisse à moi, qu'il avait depuis quatre ans. Tout est mangé par les termites; deux beaux fusils et deux pistolets n'ont plus de crosse. Les bouteilles d'eau-de-vie sont cassées, comme par accident.

10 *mars.* — Écrit des lettres. Donné à M. Stanley un chèque de cinq mille roupies sur Bombay.

14 *mars.* — Départ de M. Stanley. Je confie à ses soins mon journal, scellé de cinq cachets, qui ont reçu l'empreinte d'une monnaie d'or américaine, et celle d'une tablette de couleur, aux armes d'Angleterre.

Plus rien à faire que de donner à Stanley le temps de gagner Zanzibar, et que d'abréger par tous les moyens possibles l'attente de ma caravane.

19 *mars.* — Jour de ma naissance. Mon Jésus, mon roi, ma vie, mon tout, je me donne à toi tout entier; accepte-moi. Et toi, Père clément, accorde-moi de finir ma tâche avant qu'une autre année s'achève : je te le demande au nom de Jésus.

21 *mars.* — Tous les bouviers de cette partie de la province sont des Batousi. Ils vous abordent d'une façon courtoise. Leurs femmes ont de jolies figures; la tête petite et d'une bonne forme, la peau simplement

1. Tous les détails de ces deux parties du voyage ont été résumés dans le *Tour du Monde*, t. XXV, de la page 65 à la page 87, et donnés complétement dans la relation de Stanley : *Comment j'ai retrouvé Livingstone*, où ils occupent plusieurs chapitres.

2. Voy. *Tour du Monde*, t. XXV, p. 91, la gravure de ce tembé.

L'embuscade (voy. p. 65). — Dessin d'Émile Bayard, d'après le texte.

brune, la taille bien faite, les mains délicates, le pied petit, le cou de-pied haut et souple. Auprès d'eux, les Bagânnda ne sont que des esclaves ; ces derniers ont la peau noire, parfois avec une teinte cuivrée, le nez aplati, de larges narines et de grosses lèvres, mais la jambe et le pied bien faits.

2 *avril*. — Les *veuves* (*vidua purpurea*) font actuellement leur nid. Un mâle de cette espèce choisit de petits brins d'herbe à la crête de mon toit; il en dépose la tigelle par l'extrémité, et la pousse dans le berceau jusqu'à ce qu'elle soit entrée complétement, à l'exception de l'épi. La femelle est dans l'intérieur, et ne cesse d'arranger les brins qu'on lui apporte; elle y travaille si ardemment qu'elle en fait trembler tout l'édifice. Sur la couche d'herbe il y aura un lit de plume.

15 *avril*. — D'après ce qu'il avait recueilli sur les anciennes explorations, Ptolémée fait déboucher les six premières branches du Nil dans deux lacs situés à l'est et à l'ouest l'un de l'autre. L'Albert et le Victoria pourraient être ces deux lacs; malheureusement Ptolémée a placé le petit lac Coloe presque à l'endroit où est le Victoria, et on ne peut pas dire où sont les deux grands bassins dont il fait mention : Victoria, Bânngouéolo, Moéro, Kamolonngo, Lincoln et Albert: desquels parle-t-il? De son temps la science géographique était en décadence. Ses deux lacs n'étaient-ils pas le reliquat d'un plus grand nombre, connu antérieurement? Que dit à cet égard la carte du règne de Séthos II, la plus ancienne que l'on possède?

16 *avril*. — Vu Sultan-ben-Ali, qui demeure près de Tabora. Sultan-ben-Ali est un Arabe bédouin de soixante et quelques années ; il a un mètre quatre-vingts centimètres de haut, le corps robuste, la barbe longue et presque blanche. C'est un habile tireur : avec son grand fusil arabe, fusil à mèche, il tue souvent des lièvres, qu'il frappe toujours à la tête. Très-hospitalier, il m'a envoyé deux repas copieux pour moi et pour mes gens.

27 *avril*. — Les pluies ont presque cessé ; un vent d'est leur succède, vent très-froid, qui arrête la transpiration et donne la fièvre.

1er *mai*. — Acheté une vache, moyennant onze dotis de mérikani, plus quatre brasses de cotonnade bleue pour le veau. J'ai maintenant du lait, ce qui me rend indépendant.

Le chef des Baganda qui m'a vendu la bête m'a dit : « Je vais prier. » Les Arabes l'ont converti; c'est le premier prosélyte que je leur ai vu faire.

2 *mai*. — Nouvelle acquisition de trois vaches, avec leurs veaux; elles donnent assez de lait pour que nous en ayons tous. Mes quatre bêtes sont de petite race, à cornes brèves. Il y en a deux noires tachetées de blanc, une noire à face blanche, et une entièrement blanche ; l'une d'elles a une bosse.

3 *mai*. — Toute la portion mâle de la colonie arabe de l'Ounyanyembé se compose de quatre-vingt-sept individus. Beaucoup de ces prétendus Arabes ont vu le jour en Afrique ; on les reconnaît à la rareté de la barbe et au peu de saillie du nez. Les gens de Mascate ne sont pas seulement plus beaux que les métis, mais plus honorables, plus courageux, et valent mieux sous tous les rapports. Chacun de ces individus ayant une vingtaine de dépendants, cela donne à la colonie un chiffre de quinze à seize cents personnes.

7 *mai*. — Les femmes, en broyant leur grain, chantent ces paroles :

« Oh! la marche du Bouanamokolou à Katannga!
« Oh! la marche à Katannga et le retour à Oujiji!
« Oh! oh! oh! »

Bouanomokolou signifie le grand ou le vieux monsieur.

11 *mai*. — Un serpent d'un vert olive foncé a été trouvé mort ce matin à ma porte, probablement tué par un chat. Minette approche avec une extrême précaution; puis d'un coup de patte aussi rapide que l'éclair, elle plonge sa griffe dans la tête du reptile, maintient cette tête baissée, en y enfonçant l'autre griffe; et, sans se soucier des anneaux qui se tordent sous ses yeux, elle mord le cou à belles dents, lâche ensuite sa victime, et regarde avec intérêt cette tête défigurée, comme si elle savait que le pouvoir de nuire s'y trouvait contenu.

C'est pendant qu'il chasse les souris que le serpent est tué par Minette.

17 *mai*. — Fait des fromages pour le temps où nous serons en route. Ils sont bons, mais un peu aigres. Sous ce climat, le lait tourne très-vite : sans qu'on y mette d'acide, il coagule en une demi-journée.

Une famille de veuves, composée de dix membres, vient sur les grenadiers de ma cour. Les huit jeunes, complétement empennés, sont encore nourris, et à la manière des pigeons; mais la pâture leur est dégorgée sans effort. Ils la réclament par un gazouillement très-vif.

26 *mai*. — Un second ménage de veuves a dix jeunes qui sont encore à sa charge, et construit un nouveau nid. Toute la famille est nourrie par le père. L'un des petits joue avec une plume comme un enfant avec sa poupée, et engage les autres à faire de même. A côté, c'est le mâle qui, une plume au bec, se rengorge et parade, et la femelle est ravie.

Près du village de Kasanngânnga, j'ai vu des petits garçons tirer des sauterelles avec des flèches minuscules. Dans cette région, la vie est une affaire sérieuse, et les jeux des petits sont l'imitation du travail des grands; ils construisent des maisonnettes, font des jardinets, attrapent des souris, ont des linottes en cage et leur apprennent à chanter. Ils se fabriquent des arcs et des flèches, des boucliers, des lances, et copient les armes à feu : un bout de roseau auquel est adaptée une petite détente, qui fait partir un nuage de cendre en guise de fumée. Quelquefois le mousquet est à deux coups, il se fait alors en argile, et la fumée est représentée par du duvet de coton; enfin avec des canonnières, chargées de gravier, ils bombardent les petits oiseaux.

27 *mai*. — Le vidua, le bon père, est mort cette nuit. Les petits sont venus lui demander la becquée, et ont essayé de le réveiller et de se faire nourrir; ils ne connaissent pas la mort.

2 *juin*. — On fait ici deux récoltes par an. Les citronniers et les grenadiers sont en fleurs, bien qu'ils viennent de donner leurs fruits. Semé il y a un mois, le froment a aujourd'hui un pied de haut; dans trois mois il sera coupé. On cueille le riz et le doura, et les houes préparent le terrain pour les semailles. Les haricots, la voandzéia, la fève souterraine de Madagascar et l'arachide sont à maturité.

Température actuelle : maximum, un peu plus de 23 degrés centigrades; minimum, 16°,5; la sensation éprouvée est celle du froid. Cette fraîcheur stimule les oiseaux, et ils refont des nids. Les abeilles essaiment et passent dans l'air. Le ciel est pur, avec, çà et là, de petits nuages floconneux.

13 *juin*. — Sangara, l'un des hommes de M. Stanley, arrive de la côte. Stanley et M. Webb, le consul américain, ont bien agi en me composant aussitôt une qande de cinquante hommes, qu'ils ont fait partir sans

Veuve à poitrine rouge (*Vidua purpurea*). — Dessin de A. Mesnel, d'après nature.

retard; la caravane est dans l'Ougogo. Je remercie Dieu avec ferveur de la bonté qu'il me témoigne par l'entremise de ces messieurs. Je suis profondément touché de la conduite de Stanley et de M. Webb.

18 *juin*. — Envoyé un peu de quinine à Sultan-ben-Ali, qui a la fièvre, et joint à cela un verre de moïko — c'est honteux. La carte de Ptolémée désigne les gens par leur nourriture; si je voulais suivre le même système, je prendrais la boisson.

19 *juin*. — Le 22, il y aura cent jours que Stanley est parti; il doit être à Londres maintenant.

Les petits des veuves, bien qu'entièrement empennés, viennent toujours se faire nourrir. Ils s'accroupissent, la poitrine à terre, lèvent le bec, gazouillent du ton le plus engageant, usent de toutes leurs câlineries. La mère leur donne quelque chose, puis elle les renvoie, bien qu'avec douceur. Ils ramassent alors des brins d'herl e, ou de petites plumes, et vont sautiller autour des camarades, comme pour leur dire : « Venez donc jouer à faire des maisons. » Le soir, ils se réunissent sur la même ramille, se mettent à côté les uns des autres pour avoir chaud, et tellement serrés qu'on dirait une pelote de laine. Dans le jour, ils vont par couples et se font mutuellement de petites flatteries. Comme les enfants, ils essayent de porter des fardeaux au-dessus de leurs forces, et veulent se charger de paquets de plumes qu'ils ne peuvent pas même soulever.

La bergeronnette a renvoyé toute sa famille et prépare un nouveau berceau. Elle chante très-gentiment, à la manière des canaris, et poursuit les moucherons avec une extrême avidité; mais elle mange aussi des miettes de pain trempées dans du lait.

Les souimangas visitent les fleurs de grenadier, et avalent les insectes qu'ils y trouvent, aussi bien que le nectar.

Trois femmes, le pilon à la main, entourent un grand mortier de bois, où elles ont mis de quatre à cinq litres de riz brut; et les trois pilons se meuvent en mesure et alternativement. Chacune d'elles se rejette en arrière pour relever la lourde masse, et la replonge de toutes ses forces dans le mortier, allégeant ce rude labeur par quelque refrain sauvage; mais on entend, à l'effort de sa voix, qu'elle est hors d'haleine. Lorsque l'écorce est à peu près détachée, le grain est vanné dans de larges corbeilles, puis il est remis dans le mortier et pilé de nouveau. Un demi-tour, brusquement imprimé au vase, écarte les grains non décortiqués; ces derniers s'enlèvent, et il ne reste que la portion parfaitement nette. Rude besogne qu'elles font pour leurs époux, et qu'elles font bien.

Le maïs exige beaucoup plus de travail; il est d'abord mondé et vanné; on le met ensuite tremper dans l'eau pendant trois jours; puis il est repilé, revanné, broyé sur la pierre, et vanné une troisième fois pour séparer de la farine une partie granuleuse dont on fait des potages.

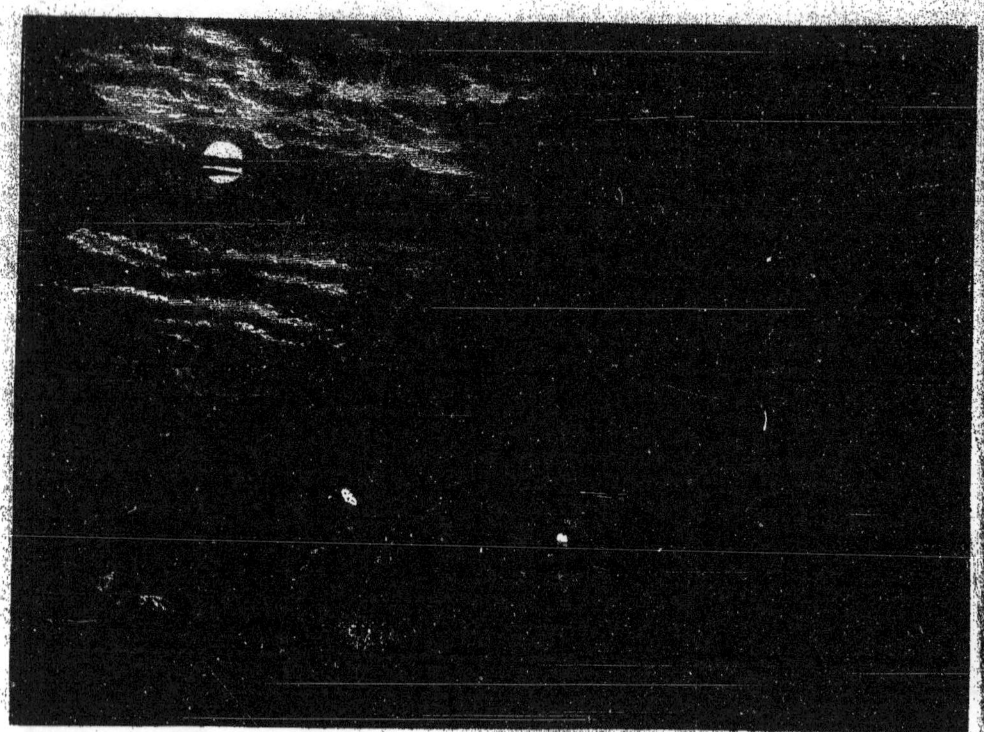

A Masoumbo : Moustiquaire de Livingstone (voy. p. 78). — Dessin de A. de Bar, d'après le texte et une gravure de l'édition anglaise.

Lorsque Ntaoéka aima mieux nous suivre que de faire partie d'une bande d'esclaves, je lui proposai l'un de mes trois célibataires : Chouma, Gardner ou Mabrouki. L'idée la fit sourire; mais Chouma était trop paresseux pour qu'on le mît en ménage, et les deux autres d'un physique trop ingrat pour avoir une jeune et belle épouse, d'humeur un peu folâtre. Chouma promit de se réformer : s'il était paresseux, disait-il, c'était parce qu'il était garçon. En outre, certaines circonstances faisaient désirer aux autres femmes que Ntaoéka fût mariée. J'en reparlai donc à celle-ci. Chouma fut accepté, et depuis lors elle travaille sans relâche; c'est la première levée, par le froid du matin, elle fait le feu, va chercher du bois, puiser de l'eau, fait chauffer l'eau, pile, vanne, broie ou cuisine.

3 *juillet*. — Reçu un billet d'Oswell, m'annonçant la mort de sir Roderick. — C'est la première fois que je suis disposé à me plaindre; mais le cri s'échappe d'un cœur brisé.

Dans l'eau (voy. p. 78). — Dessin de Riou, d'après le texte et une gravure de l'édition anglaise.

5 *juillet.* — Ennuyé! ennuyé! Fatigué d'attendre; cependant les hommes que m'envoie Stanley ne peuvent être ici qu'à la fin du mois.

30 *juillet.* — Rien encore; et le temps qui passe est le meilleur pour le voyage.

31 *juillet.* — On a appris ce matin que la caravane de Kisessa était dans l'Ougogo. La mienne a choisi une autre route; cela m'a fait plaisir d'en entendre parler.

6 *août.* — Les bergeronnettes commencent à renvoyer leurs petits. Je ne peux penser qu'à une chose: quand mes gens arriveront-ils? »

Enfin, le 14 août arrivèrent les cinquante-sept hommes de la caravane attendue; parmi eux se trouvait Jacob Wainwright, qui, sachant lire et écrire, joua un rôle important à la mort de Livingstone. Les anciens serviteurs, auxquels venaient se joindre les arrivants, étaient au nombre de cinq : Souzi, Chouma et Amoda, qui accompagnaient leur maître depuis 1864, Mabrouki et Gardner, engagés en 1866. Il faut y ajouter la bonne Halimah et Ntaoéka, femmes d'Amoda et de Chouma.

Les derniers préparatifs se firent immédiatement; et, le 25 août, l'illustre voyageur reprenait la route de l'ouest. Très-brèves, ainsi que Livingstone avait coutume de les faire au début afin de mettre ses gens peu à peu en haleine, les premières étapes conduisirent la caravane en pleine forêt. Le 5 septembre, elle arrivait chez Manyéra et avait déjà des traînards. Le 8, elle campait au bord du Ngombé; le 17, elle faisait halte chez Meréra, où Livingstone fut retenu par une attaque de dyssenterie : « l'ancien ennemi, » dit-il; un ennemi invétéré, que la moindre cause faisait reparaître. A partir de ce jour, les périodes de santé devinrent très-rares pour le docteur; et le bien ne fut même plus que relatif. La caravane elle-même ne tarda pas à compter de nombreux malades.

Le 3 octobre, elle prit au sud et se retrouva dans le pays montueux. La chaleur était accablante : « Tout le monde en est fatigué, écrit Livingstone, et je me réjouis de ce que l'on marche lentement. » Le 8 octobre, il aperçut le Tanganika; le 12, il en suivit le bord dans la direction du sud-ouest. « Notre course, dit-il le lendemain, se fait au sommet d'une chaîne parallèle au rivage; ces montagnes s'élèvent à trois cents mètres au-dessus de l'eau; elles sont boisées, mais d'arbres plutôt rabougris.

Sur toute la rive, le coton est largement cultivé; c'est la même espèce que celle de Fernambouc.

17 *octobre.* — Ici le gibier pullule; mais nos hommes ne savent tirer que pour faire du bruit.

22 *octobre.* — Les bords du Tanganika sont formés d'une suite de baies arrondies, correspondant aux vallées qui traversent les montagnes et descendent au rivage. Des pièces de bois armées d'un fer de lance sont suspendues au-dessus du sentier, à l'intention des buffles. Toujours de nombreuses cotonneraies.

27 *octobre.* — Arrêtés à Kitannda pour acheter des vivres, qui sont très-chers, par suite de razzias désastreuses.

29 *octobre.* — Entre la montagne et le lac, il n'y a plus maintenant qu'un sentier trop étroit pour que les bagages puissent y passer. Nous sommes ici à la frontière du Fipa. La montagne, dans ses parties les plus hautes, nous domine de cent cinquante à plus de deux cents mètres; elle s'élève à quatre ou cinq cents mètres au-dessus du lac, dont la largeur, par 7° 82' de latitude, est de vingt à vingt-cinq kilomètres.

Roulements du tonnerre toute la matinée; et quelques gouttes d'eau, saluées avec joie par les marcheurs.

31 *octobre.* — Escaladé l'Ouinélao; après cela, suivi un long défilé. La population doit avoir été prodigieuse; car toutes les pierres ont été enlevées des champs, et il n'est pas un pouce de sol arable qui n'ait été cultivé. On dit que toute cette population a été balayée par les Matoutas.

1er *novembre.* — Le bruit se répand que dans l'Ouloungou, une invasion de Babemmba a détruit toutes les denrées. Ici nous demandons des vivres; mais on a tout caché dans la montagne.

3 *novembre.* — Les gens de Liemmba, craignant pour leur une ou deux vaches, leurs quelques moutons, leurs quelques chèvres, nous ont conseillé de nous rendre au village voisin : « juste derrière cette colline, et des vivres en abondance. » Quatre heures d'efforts sur les pentes les plus rocailleuses nous ont punis de notre crédulité.

6 *novembre.* — Gravi une montagne abrupte. Trop de fatigue pour le meilleur de nos ânes. Après une grimpée de quelques heures, nous avons eu sous les yeux les baies nombreuses du lac. Plus loin, nous nous sommes trouvés sur la corniche d'une falaise, d'où nos regards tombaient directement sur la nappe d'un vert sombre, que nous dominions d'une hauteur à pic de près de deux cents mètres. Vu là trois zèbres, un python et de jolies fleurs.

Envoyé à la recherche d'un sentier qui nous sorte des montagnes, car elles nous tuent.

Des bandes de martinets rasent la surface de l'eau; nous les avons déjà vues à notre premier passage; depuis lors, peu de migrations d'hirondelles. Bien que nous soyons dans la saison la plus chaude, et que toutes les plantes aient disparu, ou soient desséchées, les fleurs continuent à percer la croûte brûlante du sol; généralement elles n'ont pas de feuilles. Un gingembre pourpré, avec deux taches jaunes à l'intérieur, et d'un effet charmant, alterne avec un autre d'un jaune serin. Beaucoup d'arbres également sont fleuris.

10 *novembre.* — Fait tuer un de mes veaux pour nous emplir un peu la bouche. Sortis des montagnes du lac, nous suivons de hautes chaînes de grès et de dolomite.

19 *novembre.* — L'un de mes deux ânes est mort ce matin, évidemment des piqûres de la tsétsé. La

pluie a contribué à ce triste résultat. C'est pour moi une grande perte.

Il pleut maintenant tous les jours.

24 *novembre*. — Traversé un pays plat, autrefois boisé et dont tous les arbres sont coupés à quatre ou cinq pieds de terre, probablement en vue de la culture. Sol rougeâtre et d'une extrême fertilité. Des rangées de collines, formées par dénudation, se voient dans le lointain; elles se dirigent toutes vers le lac.

26 *novembre*. — En marche au point du jour; l'herbe était couverte de rosée et un épais brouillard voilait toute chose. Passé dans deux villages, d'où sortaient les habitants pour aller cultiver leurs terres; ils les amendent en y brûlant du bois.

29 *novembre*. — Traversé les deux bras du Louzi: le premier, sur un pont naturel formé par un figuier dont la tige a pris une direction horizontale. Dans le second bras, nous avons eu de l'eau jusqu'à la ceinture. Le Louzi est un affluent du Lofou; celui-ci prend sa source dans l'Issunga, au mont Kouitetté. Le Chambèze naît à la même place, du côté de l'est, et porte à sa naissance le nom de Louzoua.

4 *décembre*. — Par suite des razzias de M'toka et de celles de Tipo-Tipo il n'y a pas moyen de se procurer d'aliments. Nos hommes, partis d'hier en quête de provisions, n'ont rien trouvé. Les indigènes vivent de racines, de fruits sauvages et de larves d'insectes; celle du sphex maçon, retirée de sa demeure d'argile, est très-grosse et de fort bon goût.

7 *décembre*. — Nous marchons comme des gens affamés qui se rendent où il y a des vivres. Un léopard est entré cette nuit dans le camp et a mordu une femme; celle-ci naturellement a crié, l'âne s'est mis à braire et le léopard a pris la fuite.

8 *décembre*. — Pluies torrentielles et tous les jours. Visite à Kafimebé; c'est un jeune homme intelligent et d'un physique agréable, mais chez lequel les provisions manquent.

9 *décembre*. — Un homme du parti arabe, qui est en ce moment chez Kâmmba-Kâmmba, nous amène une chèvre. Il raconte qu'ils ont tué Casemmbé, auquel leur approche a été dissimulée par ses propres sujets. Sa tête et ses parures sont maintenant au bout d'une perche; sa belle femme s'est enfuie du côté de Mafoué; et les gens des Arabes font bombance dans le pays.

12 *décembre*. — Marennza nous fait présent d'un panier de farine de sorgho et d'un poulet.

La note suivante est d'une main affaiblie; l'écriture, ordinairement très-bonne, est inégale, et révèle l'effort qu'elle a coûté.

« 13 *décembre*. — Marche au sud-ouest. Malade. Cinq heures de route; passé trois cours d'eau: le Mokoboué, le Mékannda et le Mèñommba, où nous sommes campés, dans un village désert.

15 *décembre*. — Pays plat, couvert d'arbres ébranchés pour faire de l'étoffe et des cendres. Beaucoup de villages abandonnés. Très-peu d'oiseaux.

16 *décembre*. — Ainsi que nous le voyons aujourd'hui dans le Lopannza et le Loléla, les rivières sont décolorées par ces pluies sporadiques. L'herbe croît rapidement; presque tous les arbres sont en plein feuillage; leur verdure est de nuances diverses; la teinte foncée prédomine, surtout le long des cours d'eau. A l'horizon, les collines sont d'un bleu sombre; ici, dans le Lobemmba, elles ont des pentes douces et une hauteur maximum de quatre-vingt-dix à cent mètres. Le grès fait saillie à leur cime. En quelques endroits, apparaît le schiste argileux, qui a l'air d'avoir été cuit ou fondu par une chaleur intense.

L'humeur belliqueuse est une des nécessités de la vie; quand un peuple ne sait pas se défendre, c'est l'abjection et la perte. Mes hommes, chez les gens pacifiques, entrent dans les cases, insultent les propriétaires et prennent ce qu'ils trouvent; je suis obligé de les battre pour les empêcher de voler; tandis que dans les villages où la population est guerrière, mes gens ont la douceur et l'honnêteté des colombes.

25 *décembre* (jour de Noël). — Je remercie Dieu de nous avoir donné son fils.

Le temps est froid; il pleut nuit et jour; on ne sèche pas.

26 *décembre*. — Marché, comme dans les étapes précédentes, parmi des collines boisées formées de schistes rouges, jaunes et verts. Chemins détrempés et glissants. Le Lofouba — quinze mètres de large et très-profond — un affluent du Loualaba, est traversé au moyen d'une passerelle. De là nous arrivons à trois villages où la fonte du fer occupe de nombreux fourneaux. Bien qu'il soit de bonne heure, la pluie nous y arrête.

Pays fortement ondulé; parfois les collines ont cent vingt mètres de hauteur. Nous montons évidemment à mesure que nous approchons du Chambèze.

3 *janvier*. — Une heure et demie à travers bois, sans route aucune; beaucoup de fougères et pas de gibier.

6 *janvier* 1873. — Temps froid et couvert; toujours de la pluie; les rivières débordent, les éponges ruissellent. Toutes les récoltes: millet, maïs, sorgho, manioc, arachides, tabac, haricots, poussent rapidement. Autour de chaque carré est une bordure saillante que l'on fume en brûlant la haie qui la surmonte, bordure sur laquelle on a planté du ricin, des gourdes, des giraumons, afin qu'ils puissent dominer l'herbe.

8 *janvier*. — Averses continues et abondantes qui nous retiennent dans le village de Moenngé. Nous approchons du lac Bânngouéolo.

Remis en marche dans l'après-midi par une pluie fine. Traversé un ruisseau: deux mètres seulement d'une rive à l'autre, mais très-profond; et, sur chaque berge, de larges éponges ruisselantes. Une heure après, nouvelle éponge; puis une rivière paresseuse de vingt-cinq à trente mètres de largeur, traversant d'autres éponges, où l'on est mouillé jusqu'au-dessus des hanches et où il y a beaucoup de sangsues.

9 *janvier*. — Après une heure de marche, nous avons passé le Nkalamouna : trente mètres de rivière et deux cents mètres d'inondation, plus deux cents mètres d'une éponge saturée d'eau courante. Nouvelle marche d'une heure qui nous a fait gagner le Lopopozi. Une passerelle de douze à quinze mètres de long indiquait le chenal; au bout de cette passerelle, cent mètres d'inondation, — de l'eau jusqu'à la cuisse, — puis trois cents mètres d'éponge : après cela, deux ruisseaux et leurs marais.

Nous étions alors près du Mosâmmba; et Tchoungou, qui sait à quel point les caravanes sont nuisibles,

Matipa et sa femme. — Dessin de Riou, d'après le texte et la gravure de l'édition anglaise.

nous a fait dire de camper dans les bois ; ce que nous avons fait.

La pluie ou les nuages rendent toute observation impossible; il en est ainsi depuis un mois.

16 *janvier*. — Au moment où je me préparais à lui faire ma visite, Tchoungou m'a fait dire qu'il était absent. Vers une heure, un messager est venu m'apprendre le retour du chef; arrivés à l'enceinte, nous avons entendu de grands cris et nous avons trouvé la porte close. Parlementé, mais inutilement. Tchoungou prétend que nous voulons mettre sa tête au bout d'une perche, comme celle de Casammbé; la terreur qu'inspirent les fusils est extrême. Nous restons pour acheter des vivres : il y a disette en face de nous.

13 *janvier*. — Détenus par le froid et la pluie, dans un village situé sur le Kalammbosi, près du Cham-

Les derniers milles (voy. p. 75). — Dessin de Riou, d'après le texte et la gravure de l'édition anglaise.

bèze. Jamais je n'ai eu pareil temps, excepté en allant à Loanda, en 1853.

14 *janvier*. — Deux heures de marche à pied sec jusqu'au Mozinnga : vingt-huit mètres de large, de l'eau jusqu'à la taille; cent cinquante mètres d'éponge sur la rive droite, cinquante sur la rive gauche. Suivi cette rivière jusqu'à son embouchure dans le Kasié. Beaucoup de champs de manioc, de maïs, de millet, de sorgho, d'arachide et de voandzéia dans la forêt; tous amendés avec des cendres et entourés de grandes haies habilement faites. La flore de ces bois est très-riche : des soucis; une fleur blanche qui ressemble à la jonquille, mais sans parfum; beaucoup d'orchidées, des asclépias de différentes couleurs; des clématites, des glaïeuls, la méthonique gloriosa, le polygala bleu et le rouge; une herbe avec des capsules étoilées et des barbes d'un rouge brunâtre. En outre, un grand nombre de belles plantes bulbeuses à corolles bleues, et des fleurs nouvelles d'une forme délicate, mais presque sans odeur. Puis des composées, d'un beau violet ou d'un rouge de sang; des balsamines, des tradescantias d'un bel azur ou de couleur jaune ou rose; des ombellifères superbes, jaunes et rouges; de charmants aloès, également rouges et jaunes; des papilionacées, et bien d'autres que je ne connais pas. Très-peu d'oiseaux et pas de gibier.

16 *janvier*. — Tchoungou savait que nous étions près du Chambèze et nous l'a caché : effet de la terreur des armes à feu. Arrêtés au bord du Lopopoussi qui ne peut être passé qu'en bateau. Nous avons eu ce matin une vingtaine de pirogues, mais pas une ne pouvait emmener l'âne; il faut revenir au gué que nous avions franchi dans le seul but d'obtenir de Tchoungou des renseignements sur la contrée.

22 *janvier*. — Pas de guide; les uns refusent de nous conduire, les autres veulent nous perdre. Toujours le même pays : contrée plate et submergée; des ruisseaux, des rivières qui s'élargissent en approchant du lac, et des bords spongieux de trois cents mètres et plus. Le mauvais vouloir des indigènes est d'autant plus irritant que la pluie ou les nuages empêchent de s'orienter.

23 *janvier*. — En face de nous, dépopulation complète. Il faut renvoyer aux villages de Tchituñkoué pour avoir des vivres. Je ne sais pas où nous sommes; les gens nous trompent et sans motifs, car nous agissons bien avec eux.

24 *janvier*. — De la pluie, de la pluie, de la pluie comme si elle ne devait jamais cesser. Nous atteignons une eau profonde, d'une largeur de deux cent soixante-quinze mètres, flanquée d'éponges et coulant au milieu de grands roseaux. Me porter à travers ces nappes d'eau herbues est réellement bien difficile. L'une de celles que nous avons franchies avait plus de six cents mètres de large; l'eau montait jusqu'à la bouche de Souzi. Des hommes marchaient devant nous pour courber les herbes et pour assurer la passe au bord d'une piste d'éléphants; quand mon porteur tombait dans l'un des trous de cette piste, il fallait se mettre deux pour l'en tirer. Tous les dix ou douze pas nous rencontrions une eau vive qui fuyait dans son propre canal, tandis que, sur le tout, un large courant passait à travers les herbes. Mes gens me prennent tour à tour : Souzi d'abord, cinq autres ensuite. Au bout de cinquante pas, ils sont hors d'haleine. Il nous fallut une heure et demie pour faire cette traversée. L'eau était froide, ainsi que le vent. La seconde rivière franchie, on se hâta de faire des cabanes, et l'averse éclata.

Nous sommes inquiets au sujet des vivres. Le lac est voisin; mais où aurons-nous des provisions? Notre marche est d'une lenteur désespérante. De l'eau, de l'eau, toujours de l'eau! Pour toute observation : je puis seulement reconnaître que le pays est absolument plat, que toutes les rivières s'épanchent en larges nappes bordées de marais. Tant de cours d'eau qu'il n'y a pas assez de désignations pour eux tous. »

Les derniers jours de janvier se passèrent également dans l'eau et sous la pluie, à travers un pays dépeuplé, sans provisions et sans guides. Le 29, des oiseaux chanteurs, le roucoulement des tourterelles, le cri du francolin, annoncèrent le voisinage de l'homme. On s'arrêta, et on envoya à la recherche des vivres. Le 30, après une marche de huit heures vers le sud, l'un des éclaireurs aperçut le lac, et vit de la fumée dans le lointain. Il rapporta ces nouvelles; les autres se dirigèrent vers l'endroit où s'élevait la fumée et revinrent les mains vides.

Le 1er février, Livingstone fit tuer son dernier veau et retourna au village de Tchituñkoué, où il arriva le 5. Pendant ces quatre jours, la bande vécut de racines et de champignons.

Tchituñkoué donna des guides; la marche fut reprise, toujours dans les mêmes conditions. Pas un endroit sec : l'eau ruisselait dans les chemins et la maladie s'aggravait. Nous trouvons à la date du 14 février : « Si Dieu m'accorde de finir mon œuvre, je le bénirai, bien que ce soit au prix de fatigues sans nom; cette dernière course m'a blanchi tous les cheveux. »

Le 18, des hommes furent expédiés à Matipa pour lui demander des canots; les hommes revinrent sans avoir été jusqu'au lac. Le 22, Souzi et Chouma accompagnèrent le messager et rapportèrent de bonnes nouvelles. Ce n'était pas, comme on l'avait cru, dans une île du lac que résidait Matipa, mais au milieu des marais qui sont au nord du Bânngouéolo, et sur une éminence appelée Masoumbo (toujours une île), située par 10° 11' de latitude. Livingstone y campa en dehors du village et pria Matipa de lui amener le reste de sa caravane. « Mes hommes doivent arriver aujourd'hui, écrit-il le 7 mars. Notre camp est propre; seulement il y a des moustiques; mais je suis complétement abrité par une moustiquaire, ce qui est un grand luxe inconnu aux Arabes.

11 *mars*. — « Attendez, me répète Matipa; Kabinnga

va venir et il a des canots. » Le temps n'a pour lui aucune valeur, sa femme lui brasse de la bière où il noie ses ennuis; mais les miens s'accroissent et me torturent.

14 *mars*. — Personne n'arrive. Je suis allé voir Matipa, et j'ai fait son portrait à cause de son curieux chapeau.

19 *mars*. — Il n'est arrivé qu'une pirogue. Matipa nous a encore trompés. Je me suis tranquillement emparé de son village; j'ai tiré un coup de pistolet à travers la toiture de sa case et j'ai appelé mes hommes. Matipa s'est enfui; ses gens m'ont amené trois canots, et, à onze heures, j'embarquais tous les miens.

22 *mars*. — Rien que de l'eau à perte de vue. L'inondation a de quatre à six pieds de profondeur, parfois davantage. On ne sait pas où finit la plaine, où commence le lac.

24 *mars*. — Parti avec le reste de ma bande. Poussé les pirogues avec des crocs pendant six heures, jusqu'à un îlot déboisé, où nous avons été reçus par une pluie battante : un canot retourné nous a servi de toiture. Tout est mouillé; on a froid; situation très-misérable; mais rien de terrestre ne me fera abandonner mon œuvre.

25 *mars*. — Navigation dans une mer remplie d'herbe. Le poisson abonde. Seules les fourmilières dominent; elles sont boisées. Après six heures de poussée à travers cette prairie aquatique, nous entendons la voix joyeuse des enfants. Le village est entouré de manioc planté sur des monticules faits de main d'homme.

26 *mars*. — Gagné un cours d'eau appelé Mabzihoua. Une de nos pirogues y a sombré; Amoda y a perdu une esclave. Repêché deux fusils et trois caisses de cartouches — celles-ci très-avariées. Perdu la selle de mon âne. Traversé le Loubansiouzi près de son confluent avec le Chambèze : deux cent soixante-quinze mètres de large et trois brasses de profondeur; une eau languissante. Puis le Chambèze : large de plus de trois cent cinquante mètres, profond également de trois brasses, mais avec un courant de deux nœuds à l'heure. Après cela une grande digue, formée de plantes aquatiques. Le volume d'eau est énorme. Cinq heures d'efforts, et nous nous arrêtons.

28 *mars*. — Kabinnga, le chef de la localité, me fait payer un mouton cent fils de perles : somme exorbitante. Il s'excuse en disant qu'il pleure son fils, tué par un éléphant. Cet homme-là est aussi avare que Matipa.

5 *avril*. — Navigué pendant six heures. Beaucoup de fourmilières boisées. Traversé le Lobinegéla, large de deux cent soixante-quinze mètres. Sur une carte on pourrait indiquer l'étendue de l'inondation annuelle par une ligne sinueuse, placée à cinquante ou soixante à soixante-cinq kilomètres du Bânngouéolo; cet espace serait coloré en vert tendre. Les larges estuaires pourraient être marqués d'une teinte bleue; mais il est impossible, quant à présent, de rien délimiter; l'eau est partout; elle semble arrêtée dans son cours par l'étroitesse relative du Louapoula, dont les berges perpendiculaires sont taillées dans un grès rouge.

7 *avril*. — Un lion s'est égaré dans ce monde aquatique et rugit matin et soir, comme accablé de dégoût; nous comprenons son ennui. Vogué pendant cinq heures au milieu des papyrus, des arums, des grandes herbes. Passé la nuit sur une fourmilière. Au matin, deux indigènes nous ont dit que notre bande était au sud-est : c'était probable. Mais, dans cette direction, l'eau n'a parfois que quinze pouces de profondeur, ce qui nous a obligés à traîner la pirogue toute la journée. A la fin, nous nous sommes arrêtés dans un village situé sur une branche du Mouanakazi; population bienveillante.

10 *avril*. — Je suis pâle, exsangue; les hémorrhagies ont été copieuses depuis le 31 mars et m'ont enlevé mes forces. Qu'il me soit permis d'achever mon œuvre !

12 *avril*. — Traversé le Mouanakazi. Au bout de deux heures de marche, je me suis couché, n'en pouvant plus. On m'a fait du café — avec les derniers grains — et nous sommes repartis; mais une heure après il a fallu me coucher de nouveau. J'ai cédé aux instances de mes hommes, qui voulaient me porter; et nous avons gagné Tchinama, où nous sommes campés dans un jardin. — Cultures très-étendues.

13 *avril*. — Dès que le coq et la tourterelle ont sonné le réveil, l'aigle pêcheur se fait entendre : fausset aigu et retentissant, qui paraît s'adresser à quelqu'un de l'autre monde. Une fois entendue, cette voix, qui n'a rien de terrestre, ne s'oublie jamais : elle s'attache à vous pour la vie.

Le passage du Lolotikila nous a demandé quatre heures. Puis, deux heures au sud-ouest nous ont conduits à une autre rivière, près de laquelle nous sommes campés. On voit d'interminables prairies avec des rangées d'arbres, et qui cèdent la place à des *bougas*, autres prairies annuellement inondées, que l'on reconnaît à leurs herbes terrestres. Viennent ensuite des marais couverts d'une végétation aquatique et renfermant des plantes submergées. Une espèce de mousse croît sur la plupart de ces plantes et constitue une riche pâture pour des poissons dont le museau crochu en rafle les touffes et les conduit dans la gueule.

16 *avril*. — Retraversé hier le Lolotikila. Il a fallu me porter une partie du chemin. Passé aujourd'hui le Lommbotoua : large de près de cent mètres; cours rapide et profond à travers les roseaux.

17 *avril*. — Une averse effroyable, tombée à la nuit close, a mis les tentes en pièces. J'ai beaucoup souffert; après trois heures de marche il a fallu me reposer. Traversé trois éponges. Couché au bord du Kazya.

18 *avril*. — Passé la rivière, puis deux larges marais; et forcé de m'arrêter. Très-malade toute la nuit; mais j'ai pris de la quinine, et les accidents ont cessé.

19 *avril*. — Brise fortifiante du sud-est, qui m'a

fait rester à âne pendant une heure et demie. Je suis excessivement faible. Sans mon âne, je ne ferais pas cent mètres ; — ce n'est pas tout plaisir que cette exploration. Les collines de Lavousi, qu'on aperçoit, sont un soulagement pour la vue; leur forme dénote une origine ignée. Le Kazia y prend naissance et va se jeter dans le lac. Pas d'observations : je suis trop faible; c'est à peine si je puis tenir mon crayon; ma canne est un fardeau.

20 *avril* 1873, *dimanche*. — Service. Traversé l'éponge de Moennda pour avoir des vivres, et pour nous rapprocher de Mouannzabammba, le chef de cette localité. Je suis toujours excessivement faible. Gagné le village du bord de l'éponge, à sept heures du matin.

Passé le Lokoulou en canot : longueur d'environ trente mètres; rivière très-profonde, coulant du sud-sud-est au nord-nord-ouest, à travers des marais — deux nœuds à l'heure; se jette dans le lac.

21 *mai*. — Essayé de monter à âne; mais obligé de me coucher.

Livingstone s'était fait mettre sur son âne; il tomba presque aussitôt et s'évanouit. Souzi lui enleva sa ceinture et son pistolet. Chouma courut à l'avant-garde pour arrêter les hommes qui étaient en marche. Lorsqu'il revint, le docteur lui dit : « J'ai perdu trop de sang et n'ai plus de force; il faut me porter. » On le mit doucement sur les épaules de Chouma, et il fut ramené au village. Le lendemain il repartait.

Aigle pêcheur et piége à hippopotame. — Gravure tirée de l'édition anglaise.

« 22 *avril*. — Porté en kitanda, à travers une bouga. Sud-ouest, deux heures et quart. »

Deux pièces de bois parallèles, de sept pieds de long, et des barres transversales d'une longueur de trois pieds, formaient la charpente de cette litière. Une couche épaisse d'herbe sèche, sur laquelle on étendit une couverture, constitua le matelas. Pour protéger le malade contre le soleil, une autre couverture fut posée sur la traverse à laquelle était suspendu le brancard. On attendit pour partir que la rosée eût disparu de la tête des grandes herbes; et l'on se mit en marche.

L'étape dura plus de deux heures; elle augmenta les tortures que la dyssenterie infligeait au malade. Effrayés par l'arrivée du convoi, les gens du village prirent la fuite. Au bruit des tambours qui sonnaient l'alarme, Livingstone s'écria avec un soupir de soulagement : « Ah! nous approchons! » Songolo, Chouma, Choupéré, Adiambéri et Sôféré avaient été ses porteurs.

Pour extrait et traduction : Henriette Loreau.

(*La suite à la prochaine livraison.*)

Ilala. — Gravure tirée de l'édition anglaise.

LE DERNIER JOURNAL DE LIVINGSTONE.

1866-1873. — TRADUCTION INÉDITE[1].

Le lendemain il ne put inscrire sur son journal que la date du jour : « 23 *avril*. »

Il y eut une nouvelle marche dans la prairie inondée. La caravane passa près d'un grand nombre de pêcheries destinées à retenir le poisson quand il reprendrait le chemin du lac ; mais elle n'aperçut aucun des propriétaires de ces établissements : ils se tenaient cachés ou avaient pris la fuite.

Un autre village abrita les voyageurs ; village désert et dont on ignore le nom, ainsi que du précédent, personne n'étant là pour le dire.

« 24 *avril*[2]. »

Après une heure de marche, ils firent halte dans un hameau également inconnu. La faiblesse du malade était si grande, qu'à chaque instant il fallait s'arrêter, et que Chouma était obligé de le soutenir pour l'empêcher de tomber de la litière.

« 25 *avril*. »

Une nouvelle heure de marche au sud-ouest les conduisit à un village où ils trouvèrent à qui parler. Pendant qu'on se hâtait d'arranger la hutte qui devait le recevoir, Livingstone fut déposé sous un arbre, et se fit amener l'un des villageois. Le chef était parti avec un certain nombre d'habitants ; mais ceux qui restaient semblaient n'éprouver aucune inquiétude et s'approchèrent pour entendre ce qu'on allait dire. Il leur fut demandé s'ils connaissaient une montagne où quatre rivières prenaient leurs sources. L'un des assistants dit qu'ils n'en avaient pas connaissance ; que tous ceux qui avaient l'habitude d'aller trafiquer au loin étaient morts, et que dans le pays il n'y avait pas de voyageurs. Autrefois, poursuivit l'indigène, Koutchinyama, la ville de Malennga était le lieu de réunion des marchands vouabisa ; mais ces derniers ont été chassés par les Mazitous. Avant ce temps-là, quand une expédition devait se rendre à la côte ou dans l'intérieur, les gens qui en faisaient partie se réunissaient dans la ville de Malennga pour discuter sur la

1. Suite et fin. — Voy. p. 1, 17, 33, 49 et 65.

2. Ces dates figurent dans le journal, où elles sont encore de la main de Livingstone ; il n'avait plus la force d'inscrire autre chose. La relation de cette dernière partie du voyage a été faite par M. Horace Waller, d'après le rapport de Souzi et de Chouma. (*Note du traducteur.*)

route qu'il fallait suivre. A cette époque, dirent les villageois, on aurait eu des renseignements sur toute la contrée. — Ici Livingstone fut obligé de remercier les informateurs, leur expliquant qu'il était trop faible pour continuer l'entretien; et il les pria d'apporter toutes les denrées qu'ils auraient à vendre.

« 26 *avril.* »

Ce jour-là, ayant fait une étape de deux heures et demie, la caravane atteignit la ville de Kalounganyovou. Le chef vint à sa rencontre : il portait le costume arabe et était coiffé d'un fez rouge. Quand la bande fut installée, Souzi reçut l'ordre de compter les sacs de perles; il rapporta qu'il y en avait douze. Livingstone lui dit alors d'acheter deux grosses dents d'éléphant, parce qu'il pourrait être à court d'étoffe lorsqu'il regagnerait Oujiji, et qu'arrivé là, il trouverait à échanger l'ivoire contre la cotonnade nécessaire pour atteindre Zanzibar.

« 27 *avril.* — Je n'en peux plus, et je reste. Mieux. Envoyé acheter des chèvres laitières. Nous sommes au bord du Molilamo. »

Ces lignes sont les dernières qu'il ait écrites.

Solimané, Amisi, Hamsani et Laédé remontèrent la rive pour acheter des chèvres ayant du lait et n'en trouvèrent pas.

Le 28 avril, d'autres membres de la caravane passèrent le Molilamo et allèrent près de l'embouchure de celui-ci pour essayer d'y trouver des chèvres; ils ne furent pas plus heureux que les précédents.

Le lendemain, Kalounganyovou, escorté de la plupart des villageois, vint de bonne heure; il manifesta le désir d'obliger son hôte, dans toute la mesure du possible, et annonça qu'il se trouverait à l'endroit du passage, situé à une heure de marche.

Au moment de partir, Livingstone dit à Souzi qu'il était incapable de gagner la kitanda; la porte de la case n'étant pas assez large pour que la litière pût entrer, il fit abattre un pan de la muraille, afin qu'on vînt le prendre sur sa couche.

Sortie du village, la caravane suivit le Molilamo jusqu'à un endroit où il y avait des îles nombreuses, formées en partie par la rivière, en partie par l'inondation. Tandis que le chef, assis sur une éminence, présidait à l'embarquement, Livingstone se fit porter à l'ombre, pour y attendre que la plupart de ses gens eussent gagné l'autre bord. Vint ensuite la tâche difficile de passer le malade; le fond des canots était trop étroit pour recevoir la kitanda. Jusqu'alors Livingstone avait pu s'asseoir dans la pirogue; mais il n'en avait plus la force, et ne put supporter la douleur que lui causa la main qui essayait de l'enlever. Il dit à Chouma de se baisser, lui passa les bras autour du cou, et fut porté doucement sur le lit d'herbe qu'on avait fait dans le canot. Souzi, Chouma, Farijala et Choupéré le passèrent rapidement, et le recouchèrent avec précaution sur la kitanda.

Courant alors au village de Tchitambmbo, Souzi y fit construire une case en toute hâte.

Les derniers milles que devait faire le grand voyageur s'accomplirent d'abord à travers des marais, puis en terrain sec : marche si douloureuse, qu'il demandait à chaque instant qu'on s'arrêtât. Ses porteurs croyaient ne jamais finir l'étape.

Arrivé dans une éclaircie, il les pria de le déposer par terre et de l'y laisser. Ils essayèrent de l'encourager en lui disant qu'on voyait les maisons et qu'il serait bientôt dans celle qui lui avait été faite. Ils avancèrent un peu; mais il fallut s'arrêter dans un jardin situé hors de l'enceinte, et où le malade resta pendant une heure.

Enfin ils gagnèrent le village; la maison n'étant pas achevée, ils portèrent leur maître sous la projection d'une toiture formant véranda. Presque toutes les demeures étaient vides et la caravane trouva facilement à s'abriter. Pendant qu'elle s'installait, beaucoup d'hommes, revenus du dehors, s'approchèrent de la place où reposait celui dont ils avaient entendu faire l'éloge; et, appuyés sur leurs arcs, ils le regardèrent en silence.

Une pluie fine tombait par instants, et l'on se hâta d'achever la demeure. Le lit fut posé sur un échafaudage qui le préservait du contact du sol, et placé en travers du fond arrondi de la case. Dans la baie dont il ferma l'ouverture, on plaça les ballots et les caisses; l'une de celles-ci fit l'office de table. Il y eut un feu devant la porte; et Madjouara, l'un des Nassickais, resta dans la chambre, où il coucha, pour servir le maître pendant la nuit.

Le 31 avril, Tchitambmbo vint dans la matinée faire sa visite au docteur; mais celui-ci le pria de revenir le lendemain, espérant qu'il aurait plus de force pour le recevoir. Dans le courant du jour, Livingstone demanda son chronomètre, et expliqua à Souzi comment il fallait le tenir pour le remonter.

Les heures s'écoulèrent. A la nuit tombante, ceux des hommes qui devaient faire le guet allèrent s'asseoir autour des feux; les autres se retirèrent en silence, et regagnèrent leurs huttes avec la conviction que la fin était prochaine.

Vers onze heures, Souzi, dont la case touchait à celle du malade, fut appelé. De grands cris retentissaient dans le lointain. « Est-ce que ce sont nos hommes qui font tout ce bruit? lui demanda Livingstone. — Non, maître, dit le serviteur; ce sont les habitants qui chassent les buffles des champs de sorgho. »

Quelques minutes après, il dit lentement et comme en délire : « Cette rivière, est-ce le Louapoula? » Souzi lui répondit qu'ils étaient dans le village de Tchitambmbo, et que la rivière voisine était le Moulilamo. Il garda le silence pendant quelque temps; puis s'adressant de nouveau à Souzi, mais cette fois dans le langage de la côte : « A combien de jours, dit-il, sommes-nous du Louapoula? — Je pense que nous en sommes à trois jours, maître. » Et une minute après, comme sous l'influence d'une douleur excessive, il fit entendre cette plainte : « Oh! dear,

ear! à demi soupirée, à demi parlée; et il retomba ans l'assoupissement.

Au bout d'une heure, Souzi fut rappelé. Living-one lui demanda de l'eau chaude, puis la boîte à édicaments, où il choisit du calomel, avec beaucoup difficulté, car il semblait ne plus voir assez pour re les étiquettes. Il fit poser le calomel auprès de i, verser un peu d'eau dans une tasse, mettre une tasse vide à côté de l'autre, et murmura d'une voix faible : « C'est bien; maintenant vous pouvez vous en aller. »

Ce furent ses dernières paroles.

Il pouvait être quatre heures du matin, lorsque Madjouara vint trouver Souzi : « Venez voir le maître, lui dit-il; j'ai peur; je ne sais pas s'il est vivant. »

Souzi réveilla Chouma, Choupéré, Mouanyaséré et

Fac-simile des dernières lignes écrites par Livingstone.

Mathieu, et tous les six entrèrent dans la chambre. Le lit était vide. Agenouillé au bord de sa couche, la gure dans ses mains posées sur l'oreiller, Living-tone semblait être en prière; et par un mouvement nstinctif, chacun d'eux se recula. « Quand je me suis éveillé, dit Madjouara, il était comme à présent; et uisqu'il ne remue pas, j'ai peur qu'il soit mort. »

Les serviteurs se rapprochèrent. Une bougie collée ur la table par sa propre cire jetait une clarté suffisante pour le bien voir. Ils le regardèrent pendant quelques instants et ne virent aucun signe de respiration. Mathieu lui posa doucement la main sur la joue — plus de doute : Livingstone était mort, et déjà presque froid.

Ils le replacèrent religieusement sur son lit; et après l'avoir couvert avec soin, ils sortirent pour se consulter. Presque aussitôt les coqs chantèrent; et comme il était plus de minuit lorsqu'il avait parlé pour la dernière fois, nous pouvons dire avec certitude qu'il expira le 1er mai, un peu avant l'aube.

Tous les gens de la caravane furent avertis à voix basse, chacun dans sa hutte, et appelés à se réunir immédiatement.

Dès qu'il fit jour, Souzi et Chouma exprimèrent le désir que tous les hommes de la bande fussent présents à l'ouverture des caisses, afin que tout le monde fût responsable de leur contenu.

Jacob Wainwright, qui savait écrire, fut chargé de prendre note des objets dont on allait faire l'inventaire, et les bagages furent sortis de la maison.

Livingstone avait reçu autrefois, d'un vieil ami, des caisses en étain excessivement bien faites. Deux d'entre elles avaient résisté à tous ses voyages et se retrouvaient parmi les autres. On y déposa ses instruments et ses papiers, qui s'y trouvèrent à l'abri de l'humidité et des fourmis blanches. Des lettres et des dépêches commencées, dépêches nombreuses, furent jointes aux livres de notes que renfermaient ces boîtes; et l'on ne saurait trop louer le bon sentiment qui, le maître étant mort, revêtit les moindres lignes de son écriture, d'un caractère sacré aux yeux des serviteurs. Le même soin fut pris de ses armes, de sa montre, de ses instruments, de sa Bible, de son livre d'église, de tout ce qui lui avait appartenu, de tout ce qui lui avait servi.

Ce ne fut pas sans effroi que les plus éclairés envisagèrent les obstacles qui, tout d'abord, se dressaient devant eux. Ils connaissaient l'horreur superstitieuse

Village improvisé. — Gravure tirée de l'édition anglaise.

qu'inspirent les morts aux tribus dont ils étaient entourés. Pour ces tribus, les défunts emportent dans la tombe un esprit de vengeance qu'ils exercent contre les vivants. L'invasion, la maladie, les accidents, tous les maux leur sont attribués, et la religion du pays n'a d'autre but que d'apaiser leur colère. Cette croyance admise, il n'est pas étonnant que chefs et peuples fassent un mauvais parti aux étrangers qui perdent chez eux l'un des leurs : il y a là danger public; l'avoir causé est une grave offense ; et qui pouvait dire ce qui résulterait de cette manière de voir?

Réunissant de nouveau leurs camarades, Souzi et Chouma leur exposèrent la situation et leur demandèrent conseil. Il leur fut répondu sincèrement et d'une voix unanime : « Vous êtes nos anciens dans les voyages et les fatigues ; devenez nos chefs ; nous promettons de vous obéir, quels que soient les ordres que vous donnerez. »

A partir de ce moment, Souzi et Chouma peuvent être regardés comme ayant conduit la troupe ; et c'est à leur connaissance du pays, à celle des tribus dont ils traversèrent le territoire, surtout à la discipline et à l'union qu'ils surent maintenir dans la caravane qu'on doit l'heureuse issue de l'entreprise.

Tous furent d'avis de cacher la mort du maître à Tchitambo, car elle pouvait leur faire imposer une si forte amende qu'ils n'auraient plus le moyen de gagner la côte. Il fut ensuite décidé que, quoi qu'il pût advenir, le corps serait rapporté à Zanzibar. Pour cela on résolut de le déposer secrètement dans une hutte

Mort d'un vieux serviteur (voy. p. 87). — Dessin de A. de Bar, d'après le texte et la gravure de l'édition anglaise.

que l'on ferait à quelque distance du village, et où seraient prises les mesures nécessaires à l'exécution du projet.

Des hommes furent envoyés immédiatement pour couper du bois, d'autres allèrent chercher de l'herbe, tandis que Chouma se rendait auprès de Tchitammbo et lui disait que, s'il voulait bien le permettre, leur caravane, n'aimant pas à vivre au milieu des cases, irait s'établir en dehors de l'enceinte.

Le chef donna son consentement. Mais dans le courant du jour deux hommes de la bande allèrent aux provisions et divulguèrent le secret. Tchitammbo en fut immédiatement informé; il accourut à l'endroit où se construisaient les huttes, et, s'adressant à Chouma : « Pourquoi, lui demanda-t-il, ne m'avez-vous pas dit la vérité? Votre maître, je le sais, est mort la nuit dernière. Vous avez eu peur de me l'apprendre; mais ne craignez rien. Moi aussi j'ai voyagé; je suis allé plus d'une fois à la côte avant que la route fût pillée par les Mazitous. Je sais que la mort frappe souvent les voyageurs, et qu'en voulant regagner votre pays vous n'avez pas de mauvaise intention. »

Rassuré par ces paroles, Chouma lui dit que leur projet était de préparer le corps et de l'emporter avec eux. Le chef répondit qu'ils feraient mieux de l'enterrer tout de suite, car ils entreprenaient une chose impossible. Mais ils persistèrent dans leur résolution; et le défunt, placé sur la kitanda et soigneusement voilé, fut porté dans la nouvelle case.

Le lendemain, Souzi alla trouver le chef et lui offrit un présent qui reçut bon accueil. Il est juste de dire qu'ils parlent tous avec gratitude de la conduite de Tchitammbo à leur égard, et qu'ils dépeignent celui-ci comme « un bel homme au cœur généreux. » D'après son conseil, il fut décidé que l'on rendrait au mort les honneurs funèbres usités dans le pays; et toutes les dispositions furent prises en conséquence.

Au moment voulu, Tchitammbo, accompagné de ses épouses et à la tête des gens du village, se rendit au nouvel établissement. Un grand morceau d'étoffe rouge lui couvrait les épaules, et la draperie blanche de cotonnade indigène dont les naturels s'entourent les reins lui descendait jusqu'à la cheville. Tous les hommes de sa suite avaient des arcs, des flèches et des lances, mais pas d'armes à feu. Deux tambours joignirent leurs batteries aux lamentations des femmes, cris déchirants que n'oublie jamais celui qui les a entendus, et au milieu desquels, suivant l'usage des caravanes, se succédaient les volées de mousqueterie des gens du défunt.

Jusque-là on n'avait pas touché au corps. Après la cérémonie, une case de forme ronde fut bâtie à vingt-cinq ou trente mètres de la maison. Construite de manière à défier les attaques des bêtes féroces, cette case resta découverte pour que l'air et le soleil pussent y entrer largement. Des pieux et des branchages, profondément plantés près à près, lui formèrent une enceinte. On construisit les huttes des porteurs à côté de cette bâtisse, et une forte estacade entoura le village.

Safény, l'un des hommes de la bande, avait fait l'acquisition de beaucoup de sel chez Kalounganyovou; on le lui acheta moyennant seize rangs de perles. Il y avait un peu d'eau-de-vie dans les provisions du docteur; et, avec cela, ils espéraient conserver le corps.

Farijala, qui à Zanzibar, étant au service d'un médecin, avait eu l'occasion de voir faire des autopsies, fut chargé de l'embaumement; il y fut aidé, sur sa demande, par Carras, l'un des Nassickais. Au moment où ils allaient commencer arriva un pleureur de profession. Ce dernier avait aux chevilles les anneaux portés en pareille circonstance et formés d'un chapelet de capsules séminales remplies de petits cailloux. Ainsi paré, l'homme du deuil se mit à danser en chantant d'une voix lente et monotone, accompagnée du craquètement de ses anneaux :

« Lélo koua Ennghérèsé,
« Mouana sisi oa kònnda.
« Tou kamb' tamb' Ennghérèsé. »

(Aujourd'hui est mort l'Anglais,
Qui avait des cheveux différents des nôtres.
Venez tous à la ronde voir l'Anglais.)

L'œuvre terminée, le pleureur et son fils, qui avait pris part à la danse, se retirèrent avec un présent convenable.

On prit alors les restes émaciés du maître et on les porta dans la case découverte. Souzi, Chouma et Mouanyaséré déployèrent une couverture épaisse qu'ils tendirent au-dessus des opérateurs, et sous laquelle ceux-ci accomplirent leur tâche.

Tofiké et Jacob Wainwright étaient présents. D'après la demande qui lui en avait été faite, Jacob avait apporté son livre de prières, et se tenait à part contre le mur d'enceinte.

L'excessive maigreur de Livingstone avait permis de garder sa dépouille jusqu'alors : ce n'était plus qu'un squelette recouvert de peau. Les viscères furent enlevés avec soin et remplacés par du sel; Farijala mit de l'eau-de-vie dans la bouche et sur les cheveux; puis le corps fut laissé dans la hutte.

La boîte de fer-blanc où avaient été déposés le cœur et les autres organes fut alors pieusement enterrée dans une fosse de quatre pieds de profondeur, creusée à l'endroit même, et, en présence de la troupe tout entière, Jacob Wainwright fit lecture de l'office des morts.

Toutes les vingt-quatre heures, la précieuse dépouille, sur laquelle on veillait sans cesse, était changée de position; mais à tout autre moment, il n'était permis à qui que ce fût d'en approcher.

Au bout de quatorze jours, pendant lesquels rien ne troubla la tranquillité de la caravane, le corps parut suffisamment sec. On l'enveloppa de calicot; un myonga fut écorcé, et dans le cylindre qui en résulta on plaça les restes du voyageur. Autour de ce cercueil fut cousu un morceau de toile à voile; on ficela une forte perche au précieux ballot, afin qu'il pût être porté par deux hommes, et on le revêtit d'une couche épaisse de goudron.

A la demande de Souzi et de Chouma, Jacob grava sur l'arbre au pied duquel reposait le cœur du maître, le nom de Livingstone et la date de sa mort. En outre, on érigea près de la tombe deux poteaux massifs reliés au sommet par une traverse formant linteau, et cette porte fut badigeonnée avec le goudron qui avait été donné au docteur par M. Stanley pour l'entretien de sa barque. Au moment du départ, Souzi et Chouma recommandèrent au chef du village d'avoir bien soin de faire ôter l'herbe qui pousserait autour du mvoulé porteur de l'inscription, pour que cet arbre fût préservé de l'incendie annuel, qui, de proche en proche, gagne les bois. Enfin ils donnèrent au chef une grande caisse qui avait contenu du biscuit, et y ajoutèrent quelques journaux devant lui servir à prouver aux voyageurs futurs qu'un homme blanc était venu dans son village. Tchitammbo promit de veiller à la conservation de l'arbre et de la porte; mais il ajouta qu'il espérait que l'Anglais auquel il devait les montrer ne se ferait pas attendre, parce qu'une invasion des Mazitous, qui le menaçait toujours, l'obligerait à s'enfuir; que le mvoulé serait alors abattu pour faire un canot, et qu'il ne resterait plus aucun signe.

Toutes ces mesures étant prises, les gens de Livingstone se mirent en route dans la direction du Louapoula. Mais il y eut bientôt parmi eux de graves symptômes de maladie. L'un d'abord resta en arrière, puis un autre; la file s'égrena, et le soir du troisième jour la moitié de la caravane était hors d'état d'avancer. Quelques heures après, tous étaient plus ou moins affectés de douleurs dans la figure et dans les membres, douleurs accompagnées d'une grande prostration, qui, chez les plus malades, allait jusqu'à l'incapacité absolue de se mouvoir.

Souzi était gravement attaqué, Songolo à l'article de la mort; Kaniki et Bahéti, deux des femmes, expirèrent en quelques jours. Tous paraissaient être au plus mal.

Ce ne fut qu'au bout d'un mois qu'ils purent repartir.

Remis en marche, ils arrivèrent le même jour à l'un des villages frontières de l'Ilala; mais le lendemain plusieurs d'entre eux étaient repris de douleurs, et il n'y avait pas à songer au départ.

Mouanamazoungou, chez qui se trouvait la caravane, savait ce qui s'était passé au village de Tchitammbo; cependant il fut d'une grande bonté pour les gens de la bande: pas de jour qu'il ne leur fît un présent sous une forme ou sous une autre. Quant aux villageois, ils montraient beaucoup de répugnance à entendre parler de la mort de Livingstone; mais ils n'en furent pas moins très-obligeants. Trois buffles, tués par Farijala aux environs du bourg, permirent de reconnaître leurs services et augmentèrent leurs dispositions favorables. Dans toute l'Afrique, la viande et le bon vouloir vont toujours de compagnie; il n'est pas de chasseur généreux qui ne puisse compter sur l'assistance des indigènes.

Quelques bracelets d'airain et un peu de calicot procurèrent une vache à la caravane; et le vingtième jour de cette deuxième halte, causée par la maladie, on se remit en marche pour le nord.

Les eaux du Louapoula, si avidement cherchées, ne tardèrent pas à être en vue. Prenant alors un guide, les voyageurs furent conduits au prochain village. Tchisalamalama, qui en était le chef, leur offrit des canots pour passer la rivière. Ils estiment que, pour un homme simplement chargé de son fusil, la distance du Molilamo au Louapoula est de cinq jours de marche: ce qui représente de deux cents à deux cent cinquante kilomètres.

En écoutant ce qu'ils rapportent de la puissante rivière, on jette instinctivement les yeux sur le sombre fardeau que passait une des pirogues. Avec quelle ardeur il eût examiné cet effluent du lac, celui dont la dépouille le traversait alors, et qui, dans les dernières heures de son séjour ici-bas, se préoccupait de l'atteindre!

D'après Souzi et Chouma, ayant toute compétence pour établir cette comparaison, le Louapoula aurait, à l'endroit où ils l'ont passé, le double de largeur du Zambèze à Choupanga, ce qui lui donnerait dix kilomètres et demi d'une rive à l'autre. Ils traversèrent, d'abord à la gaffe, un espace couvert de roseaux; puis, à la rame, une eau profonde et transparente, d'une largeur de près de quatre cents mètres; ensuite une seconde étendue herbeuse, suivie d'un autre chenal profond, auquel succéda, après une nouvelle bande de roseaux, un courant moins large que le précédent; puis ils retrouvèrent, comme au départ, une eau basse où abondaient les grandes herbes. Juste en amont du point où ils passèrent, se trouvaient deux îles. En somme, faisant tour à tour usage de la gaffe et de la pagaie, il leur fallut deux grandes heures pour franchir cette énorme rivière qui porte au nord le trop-plein du Bânngouéolo.

Ils s'arrêtèrent de l'autre côté du Louapoula, et, suivant leur habitude, construisirent, à côté des leurs, une hutte pour l'âne du maître. Au milieu de la nuit, un grand vacarme, auquel s'ajoutaient les cris d'Amoda, éveillèrent le camp. Tous les hommes se précipitèrent vers l'endroit d'où le bruit s'était fait entendre: l'écurie était effondrée et l'âne ne s'y trouvait plus. Une profonde obscurité les enveloppait; ils prirent à leur feu des tisons flambants, allumèrent les grandes herbes, et virent un lion à côté de la pauvre bête, qui était morte. Ceux qui avaient leurs fusils les déchargèrent, et le lion prit la fuite.

La victime fut laissée dans la forêt; mais deux pirogues étant restées près du bivac, il est probable que le corps du fidèle serviteur alla régaler, le jour même, les gens de Tchisalamalama.

L'étape suivante se fit dans l'eau et dans la bourbe; et les voyageurs s'estimèrent fort heureux de la rencontre d'une fourmilière, où ils s'établirent pour la nuit.

Le lendemain, ils gagnèrent le village de Kahouinnga. D'après ce qu'ils racontent, celui-ci est un homme de grande taille, d'une couleur extrêmement claire et possédant le seul fusil qu'ils aient vu dans ces parages.

Ils arrivèrent ensuite chez N'Kossou, dont la résidence était beaucoup plus considérable. Les habitants, appelés Kaouinndés, possédaient autrefois une grande quantité de gros bétail, réduite maintenant à peu de chose par les incursions des Vouanyamouézi.

Nous ferons observer que la race bovine de cette région est entièrement dépourvue de bosse, et a beaucoup d'analogie avec les races écossaises. Souzi et Chouma, se trouvant à une exposition d'agriculture, signalèrent avec étonnement la ressemblance que leur offraient les taureaux à courtes cornes et ceux d'Alderney avec les bêtes bovines des rives du Bânngouéolo.

N'Kossou fit présent d'une vache à la caravane; il restait à s'en emparer : le troupeau est tellement

Mort de Livingstone, au village de Tchitammbo (voy. p. 83). — Dessin de Rion, d'après le texte.

sauvage, qu'une chasse en règle est nécessaire chaque fois qu'on veut avoir du bœuf. Saféné et Mouanyaséré prirent leurs fusils et se chargèrent de la bête. Chasseur expérimenté, le second devait réussir; mais Saféné, au lieu de toucher la vache, atteignit un indigène et lui brisa la cuisse. Que ce fût un malheur pur et simple, personne n'en doutait; seulement en Afrique cela ne suffit pas pour que le fait soit impuni. Le chef dit aux voyageurs qu'une amende devait être payée au père du blessé. Toutefois il admit qu'ayant ordonné à ses gens de ne pas se tenir à l'endroit où la vache serait tirée, la blessure n'avait eu lieu que par suite de l'oubli de ses ordres; et la chose en resta là.

Le procédé chirurgical employé pour guérir la fracture mérite qu'on s'y arrête. Un trou de deux pieds de profondeur et de quatre pieds de long fut creusé de manière que le blessé pût y être assis, les jambes étendues. On banda la cuisse fracturée avec une grande feuille, que l'on assujettit par un lien, et le patient fut déposé dans la fosse qui venait d'être ouverte. Celle-ci fut ensuite comblée, de telle sorte que l'homme se trouva enterré jusqu'à la poitrine. Un lit de vase recouvrit la terre dont la fosse était remplie; et sur la couche humide on entassa des bûchettes auxquelles on mit le feu, juste au-dessus de la fracture. Pour empêcher le blessé d'être suffoqué par la fumée, on

Souzi. Chouma. Jacob Wainwright.

L'inventaire après la mort de Livingstone (voy. p. 83). — Dessin de Riou, d'après le texte. (Les portraits de Souzi, de Chouma et de Jacob Wainwright ont été exécutés d'après des photographies.)

dressa devant lui une natte en guise d'écran; puis on attendit. Bientôt la chaleur se communiqua aux membres enterrés. Beuglant d'effroi et inondé de sueur, le patient les suppliait de le tirer de la fosse; mais on ne le déterra que lorsque les autorités le jugèrent à propos. Enlevé du trou, le malheureux fut retenu par des mains vigoureuses, tandis que deux hommes tiraient de toutes leurs forces sur le membre fracturé. Des attelles, préparées avec soin, furent alors placées autour de la cuisse et liées solidement. Les villageois dirent à Chouma que depuis qu'on venait chez eux avec des fusils, ils traitaient de cette manière toutes les blessures graves produites par les balles, et le faisaient avec succès.

Quittant la résidence de N'Kossou, les voyageurs allèrent coucher dans un autre village appartenant au même chef, et gagnèrent ensuite le territoire des Vouahoussi. Ils y furent repoussés, n'obtenant d'autre réponse à leurs demandes qu'un : « Passez votre chemin, » qui n'admettait pas de réplique. Nul doute que la nature de leur charge funèbre n'entrât pour beaucoup dans cette façon d'agir.

Trois fois de suite ils campèrent dans la forêt, où, par bonheur, ils commençaient à trouver des endroits secs.

Le chemin, qui se déroulait parallèlement à la rive du Bânngouéolo, se rendait en ligne directe au village de Tchaouenndé, dont ils étaient alors à peu de distance. Quand ils en approchèrent, Amoda et Sabouri, suivant la coutume, furent expédiés au chef, pour le prévenir de l'arrivée de la caravane, et lui demander la permission d'entrer dans son village. Comme ils ne revenaient pas, Chouma partit avec Mouanyaséré afin d'apprendre la cause du retard.

La nouvelle ambassade ne reparaissant pas non plus, les hommes reprirent leurs fardeaux et suivirent les traces des envoyés. Pendant ce temps-là, Chouma et Mouanyaséré trouvaient sur la route Amoda et Sabouri qui leur racontèrent que la ville était grande, entourée d'une estacade, et qu'il y avait, tout à côté, deux gros bourgs d'une égale importance. Comme ils entraient dans la ville, on y faisait orgie de bière. En arrivant près du chef, Amoda avait posé son fusil contre le mur de la case principale : cela en toute innocence; mais le fils de Tchaouenndé, qui alors était ivre, l'avait pris de très-haut et avait demandé insolemment au messager comment il osait faire pareille chose. Tchaouenndé avait arrêté la querelle; mais il y avait des menaces dans l'air, et les deux envoyés étaient partis.

Les quatre hommes rejoignirent la bande, racontèrent leur insuccès, et l'on s'arrêta pour tenir conseil. Il n'y avait là aucun bois; se disperser pour aller chercher les matériaux d'un camp, c'était offrir aux villageois surexcités l'occasion de piller les bagages; bref, on résolut de gagner la ville.

Arrivés à l'estacade, les voyageurs s'en virent refuser la porte : « Descendez la rivière, leur criait-on, et campez sur le bord. » Ils répondirent qu'ils étaient fatigués, que le soleil baissait et qu'ils ne trouveraient pas sur la rive de quoi s'abriter pour la nuit. La réponse fut toujours la même. Saféné dit à ses camarades : « Pourquoi discuter avec ces gens-là? Entrons d'une manière ou de l'autre. » Et repoussant les hommes qui se tenaient dans le passage, il traversa le couloir, tandis que Mouanyaséré et Chouma, escaladant l'enceinte, lui ouvraient la porte qu'il franchit avec toute la troupe.

Les gens de la caravane cherchaient des huttes pour y déposer leurs ballots, quand le même ivrogne qui avait engagé la querelle prit son arc et tira sur Mouanyaséré. Celui-ci appela les autres, qui s'emparèrent du tireur. Aussitôt le cri s'éleva que le fils du chef était en péril; et une lance jetée par un indigène atteignit Sabouri à la cuisse : ce fut le signal de la mêlée.

Tous les habitants quittèrent la ville; les tambours battirent le rappel, et, des villages voisins, accoururent des légions d'hommes armés de lances, d'arcs et de flèches. L'assaut commença immédiatement contre les gens de la caravane restés dans l'enceinte. N'tchisé reçut une flèche dans l'épaule, à travers la palissade, et N'tarou fut blessé à la main.

Les choses prenaient une tournure désespérée. Mettant le corps de Livingstone et tous les ballots au fond d'une case, les assiégés firent une sortie dans laquelle ils tuèrent deux indigènes et en blessèrent plusieurs. Il était à craindre que les habitants ne revinssent pendant la nuit avec de nouveaux renforts Dans cette pensée, les voyageurs les poursuivirent, s'emparèrent des villages voisins, mirent le feu à six autres, passèrent la rivière, et tirèrent sur les canots qui se dirigeaient en toute hâte vers le lac, par le Lopopoussi.

Nos hommes revinrent coucher dans la ville, où ils se barricadèrent, et où, trouvant des chèvres, des moutons, des volailles et une immense quantité de grain, ils prirent une semaine de repos.

Le dernier jour un villageois se présenta; il leur cria du dehors de ne pas brûler la ville du chef : car tout le mal était venu de la faute du fils de celui-ci, dont tous les habitants regrettaient la mauvaise conduite.

Les trois marches suivantes eurent lieu à travers cette frange de prairies inondées qui entoure le Bânngouéolo, et sans offrir aux voyageurs d'autre endroit que la jungle pour y passer la nuit.

Le quatrième jour, ils atteignirent le village de Tchama, où, la femme de Souzi étant prise par la fièvre, ils firent une halte de quarante-huit heures.

De là, après une nuit passée dans la plaine, ils gagnèrent les huttes éparses de Ngoummbou. Un groupe d'étrangers, de nations diverses, en majeure partie des Vouabisa, y abattaient des arbres et défrichaient le sol pour le mettre en culture. Ces colons firent bon accueil à la caravane, bien que la nouvelle de ce qui s'était passé au village de Tchaouendé leur fût déjà parvenue.

Le lendemain, les voyageurs couchèrent de nouveau à la belle étoile ; et le jour suivant ils gagnèrent le Mpammba, rivière importante qui est un affluent du Lopopoussi.

Ils étaient alors près de la résidence de Tchihouaï, grand village avec estacade et fossé. Comme toujours, ils arrivèrent enseignes déployées, le drapeau anglais porté par Madjouara en tête de la caravane, et celui de Zanzibar à l'un des premiers rangs de la troupe. Un indigène s'en formalisa ; et la lutte allait s'engager, lorsque survint un homme influent qui arrangea l'affaire.

Trois nouvelles étapes menèrent la bande chez un oncle de Tchihouaï. Elle campa ensuite deux fois dans la jungle, gagna la résidence de Tchoungou, et, le lendemain, atteignit le bourg de Kapécha, où elle s'était arrêtée avec Livingstone ; elle retrouvait là le sentier qui devait la conduire au Tanganika.

Il y avait alors au village de Kapécha, des Vouanyamouézi qui, pour le moment, faisaient du fil de fer et du fil de cuivre.

A partir du Louapoula jusqu'au Lopopoussi, les

Procédé chirurgica (voy. p. 88). — Dessin de Riou, d'après le texte.

voyageurs avaient marché à l'est, parallèlement à la côte septentrionale du Bânngouéolo, qu'ils avaient alors à leur droite. Pour gagner la ville de Tchaouenndé, ils avaient tourné le dos au lac et s'étaient dirigés vers le nord, direction qui les avait conduits chez Kapécha, et qu'ils suivaient toujours, retraversant beaucoup de villages cités par Livingstone.

A peu d'exceptions près, ils reçurent partout bon accueil. Lorsqu'ils arrivèrent près du Kalonngosi, Tchama leur envoya un message pour leur dire de transmettre ses ordres aux gens des bords de la rivière, afin qu'on les passât de l'autre côté sans qu'ils eussent rien à craindre. Tous les environs étaient ruinés et frappés de terreur par suite des razzias perpétuelles qu'y faisaient les gens de Kâmmba-Kâmmba.

Comme ils se rendaient au village du fils de M'sama, les voyageurs rencontrèrent quatre hommes qui allaient trouver Tchama de la part de l'Arabe afin d'en obtenir des hommes pour une attaque projetée contre les gens de Kanntannga. La requête devait être refusée ; Kâmmba qui le savait bien, s'en offenserait, — histoire du loup et de l'agneau, — et Tchama serait dévoré pour avoir eu l'audace de refuser quelque chose à un homme aussi puissant. Tel est souvent le cours de la politique indigène. L'Itahoua se trouvait déjà sous la coupe du bandit de Zanzibar. Des réquisitions étaient faites partout au nom de celui-ci; et les petits chefs, bien que tributaires de Nsama, se tournaient du côté du plus fort.

Toutefois les gens de Livingstone furent bien accueillis par l'Arabe. John, un des Nassickais, avait disparu la veille. Souzi envoya à sa recherche, et l'on resta chez Kâmmba-Kâmmba pour attendre de ses nouvelles. Quelques-uns pensaient qu'il avait déserté; les autres craignaient qu'il ne lui fût arrivé malheur. Toujours est-il qu'on le chercha pendant cinq jours, battant le pays dans toutes les directions, et qu'on n'entendit jamais reparler du pauvre John.

Les gens de la ville s'entretenaient toujours de la mort de Casemmbé : on se rappelle que, peu de temps auparavant, celui-ci avait été tué par Kâmmba-Kâmmba et Pemmba-Motou; mais ce qui intéressait beaucoup plus la caravane, c'était d'entendre dire que des Anglais, ayant à leur tête le propre fils de Livingstone, avaient été vus à Bagamoyo.

La marche était maintenant plus facile, et les voyageurs reconnurent bientôt qu'ils traversaient la ligne de faîte : le Lovou courait devant eux vers le Tanganika, tandis que le Kalonngosi prenait la direction contraire pour aller rejoindre le Moéro.

A mesure qu'ils avançaient, ils voyaient diminuer la terreur inspirée par Kâmmba-Kâmmba. Ils se trouvaient alors chez les Mouammbés, où l'Arabe n'avait pas fait d'incursion.

Tchoungou, un jeune chef, avait été fort impressionné par Livingstone, lorsque celui-ci avait exploré ses parages. Oubliant les préjugés de sa race à l'égard des morts, il ne vit dans les restes du défunt qu'un sujet de douleur, et donna à la caravane toutes les marques de bienveillance qui étaient en son pouvoir. Assoumani, généralement heureux à la chasse, tua un buffle près du village. D'après la loi, qui, à cet égard, est strictement observée dans toutes les parties de l'Afrique, Tchoungou avait droit à l'une des épaules. S'il se fût agi d'un éléphant, la dent qui se serait trouvée près du sol lui aurait appartenu sans conteste. Les voyageurs réclamèrent la totalité de la bête, faisant observer que la faim avait également ses lois, et Tchoungou leur céda volontiers sa part.

Bientôt la caravane gagna la pente rapide qui descend au Liemmba et arriva chez Kasakalahoué. C'était à cette place que Livingstone avait passé plusieurs mois lors de sa première venue au lac Tanganika. Le village n'avait plus qu'un petit nombre de ses anciens habitants; mais ceux-ci accueillirent les voyageurs d'une façon hospitalière et pleurèrent la perte de celui qu'ils avaient aimé.

Avançant de jour en jour, sans faire d'autre halte que celle du repos quotidien, la troupe tourna l'extrémité du lac. Elle se souvint des difficultés de la route qui suit les hauteurs dont le Tanganika est bordé; et prenant cette fois beaucoup plus au levant, elle trouva sur son passage une quantité de hameaux déserts, qui, presque tous les soirs, lui offrirent un asile.

Comme elle arrivait au Fipa, deux hommes lui apprirent que le chef, appelé Kafoufi, tenait extrêmement à ce que le mort n'approchât pas de sa résidence. Bientôt, en effet, les voyageurs rencontrèrent un guide envoyé au-devant d'eux, et qui les mena hors du territoire, en leur faisant faire un détour considérable.

Ils marchèrent ensuite trois jours sur le Lamebalamefipa, chaîne de montagnes abruptes qui traverse le pays de l'est à l'ouest, et qui paraît avoir une altitude d'environ douze cents mètres. Lorsque, de la plus élevée de ses passes, on regarde au pied des hauteurs, on aperçoit un grand lac qui s'étend vers le nord; mais lorsqu'on est descendu, au lieu d'une nappe d'eau, c'est une plaine brillante, couverte d'incrustations salines que traverse le sentier. Toutefois la caravane n'y rencontra pas les difficultés que lui faisait craindre l'aspect du terrain. Il y avait là de petits villages, habités presque tous par des chasseurs d'éléphant; et si elle était saumâtre, l'eau du moins n'était pas rare. Enfin le gibier pullulait, principalement la girafe et le zèbre; et les lions faisaient grande chère dans ces riches quartiers.

C'est dans cette plaine que le tribut fut réclamé à la bande pour la première fois; mais le chef ne lui demanda que quatorze rangs de perles et n'exigea pas d'étoffe.

Dans les villages, il fut dit aux voyageurs qu'à peu de distance, sur la droite, il y avait un lac salé, moins vaste que le Tanganika, et appelé *Bahari ya Mouarouli*, ou mer de Mouarouli, nom du grand chef qui en habite les rives.

Peu de temps après, les gens de Livingstone devaient traverser le Likoua, dont l'eau saumâtre leur monta jusqu'à la poitrine, et qui est un affluent du Mouarouli. Comme ils en approchaient, ils virent en face d'eux une longue file d'individus qui se dirigeaient aussi vers la rivière. Dans l'ignorance où ils étaient des intentions des survenants, ils se divisèrent sur-le-champ en trois corps. Le premier groupe, précédé du drapeau arabe, alla au-devant des étrangers. Chouma, à la tête de la seconde division, resta à peu de distance de la première, pendant que Souzi, se jetant dans la jungle avec quelques hommes, fit rapidement une sorte de hutte où fut cachée la dépouille du maître.

Mais les craintes n'étaient pas fondées : c'était une caravane à destination du Fipa, où elle allait chasser l'éléphant et acheter de l'ivoire et des esclaves. Elle dit à nos voyageurs que la mort de Livingstone était déjà connue dans l'Ounyanyembé, et ajouta, à la grande joie des voyageurs, que le fils du docteur et deux autres Anglais étaient maintenant à Kouihara.

Le pays où la rencontre avait lieu ressemblait à une immense saline. L'un des gens de la bande y recueillit une charge de très-bon sel.

Chemin faisant, la caravane eut à payer de légers tributs. Kammpama exigea quatre dotis ou huit brasses d'étoffe. Kanônngo en demanda six.

Celle-ci était voisine du Luonngoua, rivière tumultueuse, bondissant parmi les rochers et formant de pro-

Funerailles de Livingstone à l'abbaye de Westminster. — Dessin de Godefroy Durand, d'après son croquis.

fonds bassins transparents, qui hébergent des hippopotames.

Un buffle tué par Mouanyaséré, au moment où la viande était rare, créa de bons rapports avec les gens de Kanônngo, et les voyageurs passèrent trois jours dans la ville. Sur ces entrefaites arriva une autre caravane, qui confirma la présence des trois Anglais dans l'Ounyanyembé. La nouvelle fit partir les gens de Livingstone, qui pressèrent le pas jusqu'à fondre en une seule deux étapes du voyage précédent.

A Baoula, Jacob Wainwright, le lettré de la bande, fut chargé de mettre par écrit les circonstances douloureuses de la mort du maître; et Chouma, accompagné de trois autres, prit les devants pour aller porter ce récit à l'expédition anglaise. Il atteignit l'établissement arabe sans encombre, le 20 octobre 1873. Le lieutenant Cameron fut alors mis au courant de tous les détails du décès, non-seulement par la lettre de Jacob, mais par les réponses que lui fit Chouma, en présence du docteur Dillon et du lieutenant Murphy.

Ce fut pour les messagers un grand désappointement de ne pas trouver le fils de Livingstone parmi les membres de l'expédition; mais ils reçurent de Cameron tous les témoignages d'une extrême bonté.

Après s'être reposés pendant un jour, les envoyés allèrent rejoindre leur bande, qui ne tarda pas à gagner Kouihara. Tous les Arabes, suivis de leurs esclaves, se rendirent au-devant d'elle, et accompagnèrent le corps, qui fut déposé dans ce même tembé où les mois d'attente avaient paru si longs à l'explorateur. Puis les arrivants furent soumis à l'interrogatoire que subissent tous les gens des caravanes et que, pour la plupart, ils sont très-capables de soutenir

Les arrivants trouvèrent l'expédition anglaise à court d'objets d'échange; toutefois le lieutenant Cameron jugea que la première chose à faire était de pourvoir aux besoins de ces hommes qui venaient d'accomplir la tâche si difficile de rapporter non-seulement les restes de celui qu'il devait secourir, mais encore tout ce que possédait leur maître à ses derniers moments.

Concevant des doutes sérieux sur la possibilité de faire traverser l'Ougogo à la précieuse dépouille, et pensant que le voyageur avait souhaité plus d'une fois de reposer sur la terre d'Afrique, le lieutenant Cameron fit part de ses inquiétudes aux chefs de la caravane et leur proposa d'enterrer le corps dans l'Ounyanyembé; mais, plus que jamais, les fidèles serviteurs persistèrent dans leur idée que tous les risques devaient être courus pour rapporter le maître à son pays natal; et il ne fut plus question d'enterrement à Kouihara.

Nous n'avons pas à commenter la fin de l'expédition anglaise, dont, par le fait, l'œuvre se trouvait terminée. On sait que le lieutenant Cameron, libre de ses mouvements, continua sa route dans l'intérieur, tandis que ses compagnons, affaiblis par la maladie, reprirent tous deux le chemin de la côte.

Quatre ballots d'étoffe, laissés dans l'Ounyanyembé par le docteur en prévision du retour, avaient été remis à la caravane, qui maintenant pouvait partir. Si des obstacles devaient être opposés à son passage, ce serait évidemment chez les Vouagogo; et il fut décidé qu'elle éviterait la route principale qui traverse le territoire de cette peuplade agressive.

Enfin la bande quitta Kouihara. Le lendemain du départ, la femme de Choupéré fut prise de maladie; on s'arrêta; et le séjour, qui dura jusqu'à ce que la malade pût voyager, fut assez long.

A Kasékéra, où ils arrivèrent à la fin de la seconde étape, les voyageurs virent que les habitants répugnaient à admettre chez eux le corps du défunt, et ils s'établirent en dehors du village. La nouvelle les précédant partout, il était certain que les dispositions deviendraient de plus en plus hostiles, et que leur précieux fardeau serait en danger. Ils tinrent conseil, et leur parti fut pris immédiatement. Enfermés dans la hutte où le corps avait été déposé, ils le sortirent de son enveloppe, qu'ils enterrèrent dans le fond même de la case. Leur plan était de donner le change aux villageois, en leur faisant croire qu'ils avaient renoncé au projet de porter leur maître à Zanzibar, et qu'ils le renvoyaient à Kouihara. Pour cela, Souzi et Chouma allèrent dans la forêt écorcer un n'gombé. Dans ce nouvel étui, coupé de moindre longueur, ils placèrent le corps; et le tout fut empaqueté et ficelé de manière à offrir l'aspect habituel d'un ballot de cotonnade. Ils coupèrent ensuite des brins de mapira de cinq pieds et demi de long, les arrangèrent en fagot, bandèrent celui-ci avec de l'étoffe, en ayant soin de lui donner l'apparence d'un mort qui va être enterré. Quand ils eurent fini, ils plièrent un papier en forme de lettre, et le mirent dans un bâton fendu, suivant la méthode qu'emploient dans le pays les porteurs de dépêches. Enfin six hommes des plus fidèles furent chargés ostensiblement de transporter le corps du maître dans l'Ounyanyembé. Leur départ eut lieu avec toute la solennité convenable, et les habitants ne soupçonnèrent pas la ruse. Quand les porteurs n'eurent plus à craindre d'être aperçus, ils ouvrirent le paquet, dispersèrent dans la jungle les baguettes de mapira, et enterrèrent l'enveloppe; marchant ensuite dans l'herbe pour ne pas laisser de trace, ils revinrent, la nuit, rejoindre la caravane chacun isolément.

Ne craignant plus rien, les gens de Kasékéra invitèrent la bande à venir loger chez eux. Les voyageurs acceptèrent. Un affreux événement devait graver dans leur mémoire le souvenir de cette halte, et ajouter un nom de plus à ceux des victimes de l'Afrique. A peine la bande était-elle dans le village, qu'arriva le docteur Dillon. La fièvre, dont tous les membres de l'expédition souffraient depuis leur arrivée dans l'Ounyanyembé, avait revêtu chez lui sa forme la plus grave; et quelques heures après, dans un accès de délire, il se tuait d'un coup de carabine. Il est enterré à Kasékéra.

Souzi et ses compagnons se remirent en marche, veillant plus que jamais sur le ballot sacré, dont personne ne soupçonnait le contenu. Ils avaient sieurs étapes depuis leur départ de Kasékéra, lorsque, en passant dans un endroit où il y avait des rochers, ils perdirent une petite fille de leur caravane, et de la façon la plus tragique. La pauvre enfant, qui s'appelait Losi, marchait gaiement, portant sur la tête un vase rempli d'eau, quand un serpent s'élança à travers le sentier, la mordit à la cuisse, et rentra dans une cavité de la jungle voisine. On fit usage de tous les moyens dont on disposait; mais bientôt la pauvre petite avait l'écume à la bouche, et au bout de dix minutes elle était morte.

Comme ils arrivaient à Zanzibar, les gens de Livingstone se virent accoster par un Arabe, qui leur dit qu'il venait de l'Ounyanyembé, et que sur la route, au même endroit rocheux, un de ses hommes avait été mordu par le même serpent, et d'une manière aussi fatale. Tandis que les gens de sa bande cherchaient une place pour enterrer leur camarade, ils trouvèrent la tombe de Losi; et les deux victimes reposent l'une à côté de l'autre.

D'après Souzi, à qui il était déjà connu sous le nom de *boubou*, nom qu'on lui donne à Choupanga, ce serpent a douze pieds de long; il est d'une teinte foncée sur le dos, a le ventre bleu sale, et porte sur la tête des marques rouges pareilles aux barbillons d'un coq.

Enfin nos voyageurs aperçurent les maisons de Bagamoyo, ville de la côte, et peu de temps après l'un des croiseurs de l'escadre anglaise amena le capitaine Prideaux, vice-consul britannique : la tâche de la caravane était accomplie.

Des trente-six individus qui avaient quitté Zanzibar avec Livingstone, huit ans auparavant, cinq seulement répondirent à l'appel : Souzi, Chouma et Amoda, qui étaient au service du docteur depuis 1864; et deux Nassickais : Abram et Mabrouki, emmenés de Bombay en 1865.

"OTHER SHEEP I HAVE, WHICH ARE NOT OF THIS FOLD; THEM ALSO I MUST BRING, AND THEY SHALL HEAR MY VOICE."

BROUGHT BY FAITHFUL HANDS
OVER LAND AND SEA
HERE RESTS
DAVID LIVINGSTONE
MISSIONARY
TRAVELLER
PHILANTHROPIST
BORN MARCH 19. 1813.
AT BLANTYRE, LANARKSHIRE,
DIED MAY 1. 1873.
AT CHITAMBO'S VILLAGE, ULALA.
FOR 30 YEARS HIS LIFE WAS SPENT
IN AN UNWEARIED EFFORT
TO EVANGELISE THE NATIVE RACES,
TO EXPLORE THE UNDISCOVERED SECRETS,
TO ABOLISH THE DESOLATING SLAVE TRADE,
OF CENTRAL AFRICA,
WHERE WITH HIS LAST WORDS HE WROTE,
"ALL I CAN ADD IN MY SOLITUDE, IS,
MAY HEAVEN'S RICH BLESSING COME DOWN
ON EVERY ONE, AMERICAN, ENGLISH, OR TURK,
WHO WILL HELP TO HEAL
THIS OPEN SORE OF THE WORLD."

"TANTUS AMOR VERI, NIHIL EST QUOD NOSCERE MALIM, QUAM FLUVII CAUSAS PER SÆCULA TANTA LATENTES."

Inscription sur la pierre du tombeau de Livingstone[1].

Citons également Ntoaéka et Halima, les deux servantes que le docteur avait prises dans le Manyéma, et qui suivirent sa dépouille jusqu'au rivage, où elles furent laissées.

On est surpris d'entendre dire qu'il ne leur a pas été donné d'accompagner dans l'île celui dont elles se séparaient avec tant de peine. Ntoaéka n'avait pas cessé de mériter l'éloge que le maître a fait de son travail et de son activité; et l'année précédente, il écrivait à propos d'Halima : « Elle est extrêmement bonne; toujours attentive, propre et honnête, ne laissant rien dérober; c'est la meilleure jante de la roue. Quand nous arriverons à Zanzibar, je lui achèterai une maison et un jardin. »

Nous espérons qu'il est toujours temps de rappeler que ceux qui ont passé avec Livingstone les dernières années de sa vie ont droit à notre gratitude. . .

Si le désir de connaître dans tous leurs détails les derniers moments d'un véritable grand homme a pu être satisfait, si les derniers travaux de Livingstone fournissent aux géographes de nouveaux aperçus, de nouvelles théories, c'est à ces fidèles serviteurs que nous le devons, et principalement à Souzi et à Chouma; car sans l'intelligence et la fermeté qui présidèrent à la marche de l'escorte, jamais les restes et les derniers écrits du voyageur ne seraient arrivés jusqu'à nous. Le succès d'une pareille entreprise semblera merveilleux à tous ceux qui connaissent l'Afrique et les difficultés dont la caravane a dû être assaillie à chaque pas de son voyage.

C'est au mois de février 1874 que la dépouille de Livingstone atteignit Zanzibar. Elle fut remise aux soins de M. Arthur Laing, ainsi que les papiers et les effets du docteur, et arriva en Angleterre le 16 avril,

1. « Rapporté par des mains fidèles sur terre et sur mer, ici repose D. Livingstone, missionnaire, voyageur, philanthrope; né le 19 mars 1813, à Blantyre, comté de Lanark, mort le 1er mai 1873, au village de Tchitammbo, à Ilala. Pendant trente ans, sa vie fut dépensée en infatigables efforts pour évangéliser les naturels, explorer les contrées inconnues, abolir le commerce d'esclaves qui désole l'Afrique centrale, où parmi ses dernières paroles il écrivit : « Puissent les bienfaits célestes descendre sur quiconque, Américain, Anglais ou Turc, aidera à guérir cette plaie saignante du « monde. »

Sur le côté gauche, un verset de la Bible : « J'ai d'autres brebis « qui ne sont pas de ce bercail; elles aussi je dois les ramener, « et elles entendront ma voix. »

Sur le côté droit, deux vers latins : « Ce que je voudrais le « plus passionnément connaître, tant le vrai me tient à cœur, ce « sont les sources de ce fleuve, inconnues depuis tant de siècles. »

à bord du *Malwa*, qui l'avait reçue à Aden. Transportée de Southampton à Londres, elle y fut examinée par sir William Fergusson et par les amis de Livingstone. La fausse articulation du bras gauche, résultat de la morsure d'un lion qui, en 1843, avait broyé l'humérus près de l'épaule, ne laissa pas de doute sur l'identité du corps.

On sait que les restes de Livingstone ont été inhumés dans l'abbaye de Westminster, le 18 avril 1874. Les coins du poêle étaient tenus par sir Thomas Steele et par N. Webb, anciens amis du voyageur, qui les avait reçus dans le midi de l'Afrique où ils étaient allés chasser les grands animaux du désert; par M. Oswell, grand chasseur également, et qui fit avec Livingstone la découverte du lac N'gami; par MM. le docteur Kirk, naturaliste de l'expédition du Zambèze; Waller, membre de la mission du Haut-Chiré; Young, commandant de la première expédition envoyée à la recherche de Livingstone; Henri Stanley, qui le retrouva à Oujiji, et Jacob Wainwright, représentant de la

Tombeau de Livingstone dans l'abbaye de Westminster. — Dessin de Godefroy Durand, d'après le monument.

caravane. Les quatre enfants de Livingstone, ses deux sœurs, la femme de son frère et le révérend Moffat, dont il avait épousé la fille à Kuruman, suivaient le cercueil. Derrière eux venaient le duc de Sutherland, lord avocat d'Écosse, les lords Shaftesbury et Houghton, sir Bartle Frère, tout un long cortége d'illustrations, toute la Société de Géographie, tout le monde savant de la Grande-Bretagne.

Au moment de descendre le cercueil dans la fosse, on enleva les couronnes et les draperies dont il était couvert, et l'inscription suivante, gravée sur une plaque d'airain, fut mise à nu :

DAVID LIVINGSTONE,
NÉ A BLANTYRE, COMTÉ DE LANARK, ÉCOSSE,
LE 19 MARS 1813,
MORT A ILALA, AFRIQUE CENTRALE,
LE 1er MAI 1873.

Pour extrait et traduction : Henriette LOREAU.

www.ingramcontent.com/pod-product-compliance
Lightning Source LLC
LaVergne TN
LVHW020419230826
846091LV00004B/1328

9782013428446